Ingrandimenti

Piero Angela

TI AMERÒ PER SEMPRE

La scienza dell'amore

MONDADORI

Di Piero Angela
nella collezione Ingrandimenti
Premi & punizioni

nella collezione Oscar
I misteri del sonno
Viaggio nel mondo del paranormale
Alfa e beta
Da zero a tre anni

in collaborazione con Alberto Angela
nella collezione Ingrandimenti
La straordinaria avventura di una vita che nasce

nella collezione Oscar
La straordinaria storia dell'uomo
Viaggio nel cosmo
La straordinaria storia della vita sulla Terra

nella collezione Varia Illustrati
Il pianeta dei dinosauri
Dentro il Mediterraneo

in collaborazione con Lorenzo Pinna
nella collezione Ingrandimenti
Atmosfera: istruzioni per l'uso
Oceano: il gigante addormentato

www.librimondadori.it

ISBN 88-04-51490-6

© 2005 Rai Radiotelevisione Italiana, Roma
© 2005 Arnoldo Mondadori Editore S.p.A., Milano
I edizione novembre 2005
IX edizione maggio 2006

Indice

11 Prefazione

13 I L'innamoramento

Cosa ci attrae?, 13 – Innamorarsi, 15 – Sei colpi di pistola, 17 – Di chi ci innamoriamo?, 18 – Attratti dal diverso (ma non troppo), 20 – L'esperimento del ponte, 22

25 II Cosa succede nel cervello?

La fotografia della persona amata, 25 – Un cavallo di Troia, 26 – Anche se lo nega..., 27 – L'innamoramento come disturbo ossessivo, 29 – La cantina delle emozioni, 31 – I cercatori di sensazioni, 33

34 III L'attrazione

La bellezza, 34 – Il bello della simmetria, 35 – Il rapporto vita-fianchi, 36 – L'uomo perfetto, 38 – I vantaggi del fisico, 40 – L'arsenale per sedurre, 41 – Spiando il corteggiamento, 43 – Infinite varianti, 45

48 IV La sessualità

Il desiderio sessuale, 48 – Una corsa a staffetta di uova, 50 – Dall'eccitazione all'orgasmo, 51 – Il crollo dell'uomo, 54 – Il famoso "punto G", 56 – Film erotici e risonanza magnetica, 57 – Il miele della sessualità, 58 – Quanti partner?, 61 – Il sesso in Cina, 63

65 V Sesso e/o amore

Visto da lei, visto da lui, 65 – Il ruolo degli ormoni, 67 – Ormoni e menopausa, 68 – Il Viagra, 69 – Come diminuire la virilità..., 70 – La frequenza dei rapporti, 72 – Quella piccola differenza..., 73 – L'harem, 75 – I nuovi harem, 77 – Lo stupro, 79

82   VI **I modelli della natura**

Due strategie generali, 82 – Imparare a duettare, 83 – Il maschio dominante, 84 – I profumi del sesso, 86 – Dal branco alla tribù, 88 – Il cervello al rallentatore, 89 – La nascita della coppia, 91 – Una varietà di modelli, 93 – Lo strano caso dei bonobo, 95 – I feromoni umani, 97

100   VII **L'incertezza della paternità**

Gli inconvenienti della monogamia, 100 – L'incertezza della paternità, 101 – La verginità, 102 – L'esclusività sessuale, 104 – I disastri delle mutilazioni, 106 – La forza delle tradizioni, 108 – Una lunga battaglia, 109 – L'incredibile caso di Mukhtar Mai, 111 – Un burka anche culturale, 112 – L'amore omosessuale, 115

117   VIII **La ricerca del partner**

L'altra metà della mela, 117 – I matrimoni combinati, 118 – Una mareggiata di single, 119 – Il "7 x 8", 120 – Distinguere tra i candidati, 121 – Un intrigante gioco di carte, 122 – Gli annunci matrimoniali, 123 – Le agenzie matrimoniali, 125 – Le caratteristiche più richieste, 126 – Successo e attrazione, 127 – Un'antica impronta cerebrale, 129 – La coda del pavone, 130 – Il corteggiamento e lo sviluppo della mente, 131

133   IX **L'attaccamento**

Attrazioni teleguidate, 133 – Un modello perfetto di monogamia, 134 – Un campo nuovo di indagine, 135 – Un tracciato in tre sequenze, 136 – Quando finisce l'innamoramento, 137 – Oltre l'innamoramento, 138 – Un punto d'attracco, 140 – Il cerchio si chiude, 140

142   X **La gelosia**

Gli ingredienti del cocktail, 142 – Predisposizioni alla gelosia, 144 – Osservando gli animali, 146 – Una domanda inquietante, 148 – L'infinita sfumatura dei sentimenti, 150 – L'amore "aperto", 152 – Il mostro dagli occhi verdi, 154

156   XI **Il tradimento**

Vari tipi di infedeltà, 156 – Le sorprese dei rapporti non protetti, 158 – Il caso delle gemelle, 159 – Infedeltà preistorica?, 160 – Il fiocchetto rosso del sesso, 162 – Chi tradisce di più?, 163 – Il tenente Colombo, 164 – I nuovi orizzonti di Internet, 165 – Le motivazioni dell'infedeltà, 167 – Confessare oppure no?, 168 – Le crisi dell'abbandono, 171 – Ammazzare il partner, 172 – La lapidazione, 174 – Una violenza diffusa, 176 – Il vetriolo in faccia, 177 – La prima e ultima generazione, 178

180 XII Il rapporto di coppia

Coppie "calde" e "fredde", 180 – Una corsa a ostacoli, 181 – Il litigio, 182 – Come litigare bene?, 184 – Un aiuto dall'esterno, 185 – Le gerarchie del passato, 186 – Gentilezza, grazia, dolcezza, 189 – Un cambiamento molto rapido, 190 – Individuare i punti di rottura, 191 – Immedesimarsi nell'altro, 192 – Saper leggere le emozioni, 193 – Le piccole cose "senza importanza", 194 – Coppie felici e infelici, 195 – Un gioco di squadra, 197 – Tentare di migliorare, 198 – "Ti amerò per sempre", 199

201 *Ringraziamenti*

Ti amerò per sempre

Prefazione

"Ti amerò per sempre." Una frase che milioni di innamorati continuano a dirsi in tutte le lingue, da generazioni e generazioni.

L'innamoramento colpisce tutti, inesorabilmente: ricchi e poveri, giovani e non più giovani, brutti e belli. In questo momento, nel mondo, un numero sterminato di coppie si amano, litigano, si rappacificano, si separano.

Questo libro cercherà di raccontare quello che la ricerca sta scoprendo sui meccanismi dell'amore: come nasce, come cresce, ma anche come può svanire e finire.

C'è un percorso che ogni coppia segue (a volte breve, a volte talmente lungo che può durare una vita) e che passa attraverso una serie di momenti diversi, ma strettamente intrecciati tra loro: attrazione, innamoramento, corteggiamento, unione, sesso, molto spesso matrimonio, attaccamento, e poi anche gelosia, infedeltà, e magari abbandono e separazione.

È una tastiera con tante note che ogni coppia suona in modo diverso, con toni più accesi o più delicati, con maggiore o minore creatività, con crescendo e diminuendo personali.

Questa musica si esprime attraverso uno strumento straordinario, che è il nostro cervello, dove hanno sede l'intelligenza, la fantasia, il linguaggio, ma anche le emozioni, gli istinti, la sessualità, la produzione di ormoni, l'aggressività. Per questa ragione l'amore è diventato oggi un campo di studio non solo per gli psicologi, ma anche per biologi, neurofisiologi, biochimici, antropologi, genetisti, tutti alla ricerca dei meccanismi nascosti che intervengono nelle nostre reazioni emotive, nella scelta del partner, e in generale nel nostro comportamento in amore.

È come scendere in cantina, con una torcia elettrica, per scoprire fili e tubature che forniscono energia e alimentazione alla casa. In modo da poter meglio comprendere quello che avviene in salotto (e in camera da letto).

È una storia affascinante perché riguarda, in definitiva, una delle grandi forze propulsive della vita: la riproduzione. Senza la riproduzione la vita si fermerebbe e scomparirebbe per sempre. Milioni di anni di evoluzione hanno modellato tutte le specie viventi per portare a compimento questo progetto cruciale. Nella nostra specie tutto ciò è diventato meravigliosamente più variegato e ricco grazie all'elaborazione culturale, la parola, l'arte, la poesia, l'immaginazione e la raffinata sensibilità dell'essere umano.

L'innamoramento, in questo senso, costituisce l'innesco della miccia che da infinite generazioni accende l'amore e porta all'unione di coppia, alla procreazione e alle cure parentali.

Quella dolce frase – "Ti amerò per sempre" – non rappresenta quindi solo un legame tra innamorati, ma anche il legame tra infinite generazioni, che consente alla vita di continuare, come in una corsa a staffetta. E, all'amore, di ricominciare ogni volta da capo.

I
L'innamoramento

Cosa ci attrae?

Cosa ci attrae di una persona? Da cosa siamo colpiti? Le risposte possono essere tante. Cominciamo con un piccolo campionario raccolto al volo, tra persone di varia età e condizione sociale. Non ha naturalmente valore statistico, ma contiene qualche interessante indicazione.

Iniziamo dagli uomini (le prime risposte sono quelle più frequenti). Cosa colpisce e attrae di più di una donna, oltre alla bellezza?

- «La grazia, la gentilezza.»
- «La dolcezza.»
- «La femminilità.»
- «Il carattere.»
- «La simpatia.»
- «Il dialogo.»
- «La sensualità.»
- «Quello che ha dentro.»
- «L'intelligenza.»
- «L'onestà, la sincerità.»
- «La non aggressività.»
- «La capacità di condividere sia le cose belle sia quelle brutte.»
- «Tutto l'insieme.»
- «L'educazione e un pizzico di intelligenza...»

Ecco invece le risposte più frequenti delle donne, nei confronti degli uomini.

- «La dolcezza, la gentilezza.»
- «L'intelligenza.»
- «Se è uno stupido non mi piace.»
- «Se poi ha anche i soldi è meglio.»
- «Il senso dell'umorismo.»
- «Deve farmi ridere.»
- «Che non si prenda troppo sul serio.»
- «L'altezza, gli occhi e le spalle.»
- «Che sia gioviale, che mi faccia stare in allegria.»
- «Quello che ha dentro.»
- «Il viso.»
- «Un bello sguardo.»
- «Fisicamente? Le mani.»
- «A me piace con molti peli sul petto.»
- «Mi deve attrarre sessualmente.»
- «L'odore.»
- «Gli occhi e un bel sedere.»

Sia pure raccolte al volo, queste risposte flash danno tuttavia certe indicazioni che ritroveremo, più approfondite, negli studi condotti da ricercatori sulla scelta del partner.

Per esempio, entrambi i sessi cercano nel partner qualità ritenute importanti come la gentilezza, la dolcezza (che sono alla base di un buon rapporto a due) e le qualità positive del carattere. Sono sensibili naturalmente all'attrazione fisica: da un lato la femminilità, dall'altro la statura, le spalle (e curiosamente anche un bel sedere, un attributo maschile sovente citato dalle donne).

Ma le risposte divergono in modo significativo su altri punti importanti: gli uomini non sembrano mettere in cima alle proprie preferenze l'intelligenza della donna. La preferiscono non aggressiva. Ed è sempre in quest'ottica che vengono probabilmente viste la gentilezza e la dolcezza.

Le donne, invece, citano spesso l'intelligenza come una delle qualità importanti nell'uomo (ritenuta anche una caratteristica vincente nella vita). E apprezzano molto il senso dell'umorismo, oltre allo status economico.

Naturalmente le risposte variano a seconda dell'età, della condizione sociale, del livello di istruzione: avremo modo di ritornare su questi argomenti e osservare che certe preferenze non sono casuali, ma vengono da molto lontano.

Innamorarsi

Naturalmente l'attrazione (anche una forte attrazione) è una cosa diversa dall'innamoramento. Ne è solo un'eventuale premessa.

Innamorarsi veramente significa entrare in una dimensione del tutto differente, cambiare pianeta. Significa spostare il baricentro della propria vita e orbitare intorno a un nuovo punto di riferimento. I riflettori della nostra mente illuminano un'unica immagine: quella di lei (o di lui). Il resto rimane sullo sfondo. Questa immagine si sovrappone a tutte le altre, è presente ovunque, in ogni momento. Viene vista, rivista, ripassata come in un replay ossessivo, crea gioia, struggimento, persino tremori. La persona amata viene idealizzata. Non ha difetti. E, se ne ha, vengono oscurati da una specie di daltonismo emotivo.

Questa immagine così amata la si porta sempre con sé, al lavoro, in viaggio, a letto. Vive e palpita all'interno della nostra mente e dei nostri sentimenti: la interroghiamo, le parliamo, è la protagonista del nostro teatrino mentale. Continuamente i nostri pensieri la circondano, la sfiorano, la contemplano.

Anche qui, una serie di interviste volanti rende bene l'idea di cosa si prova quando si è veramente innamorati.

- «È una sensazione stranissima: ti gira la testa, ti tremano le gambe.»
- «Una difficoltà di concentrazione.»
- «Mal di stomaco.»
- «Un aumento del battito cardiaco.»
- «È come avere la testa sulla Luna, è come vivere in un altro mondo.»

- «Dentro la testa c'è sempre lui, per ogni minima cosa si pensa a lui.»
- «Un turbine.»
- «Non riesco a pensare ad altro.»
- «Non ho più bisogno di mangiare.»
- «Quando penso a lei, sento tremare la terra sotto i piedi.»
- «Mi sento le farfalle nello stomaco.»
- «È come se camminassi nell'aria.»
- «Lo penso durante tutta la giornata, sempre. Non c'è un momento in cui non pensi a lui.»
- «Venticinque ore su ventiquattro.»
- «Sono disposto a rinunciare a tutte le amicizie.»
- «Per lei? Tutto: scuola, parenti, musica. Tutto.»
- «A cosa ho rinunciato per lui? A tutto. Infatti adesso sono single…»

Questa tempesta di emozioni spiega bene non solo perché un numero così grande di romanzi, film, poesie, canzoni siano dedicati alle gioie e alle pene d'amore e queste abbiano ispirato un'infinità di artisti, scrittori, compositori, ma spiega anche perché tutto ciò che è legato all'amore abbia tanto successo tra il pubblico: in quelle storie e in quei personaggi, infatti, ci si riconosce. Una parte di quella certa vicenda, o di quei sentimenti, o di quelle sofferenze, la si è davvero provata personalmente. È la stessa fiamma che arde dentro di noi, è la stessa ferita che ancora brucia.

Ma perché ci si innamora? Come mai, d'improvviso, avviene questo terremoto, che sconvolge i pensieri, i sentimenti, crea forti emozioni e modifica il comportamento?

Difficile dirlo. Difficile capire perché un certo volto, oppure un particolare modo di parlare, di guardare, di comportarsi possano scatenare tutto questo putiferio.

Vedremo in seguito cosa succede nel cervello dal punto di vista biochimico quando ci si innamora, attraverso degli studi che cercano di osservare quali aree del cervello si attivano. Ma esiste un particolare momento in cui un individuo diventa disponibile (o forse potremmo dire vulnerabile) a questa folgorazione?

Molte osservazioni, fatte direttamente sul campo da psicologi e ricercatori, confermano per esempio che è ben difficile che ci si innamori di qualcuno quando si è già innamorati di qualcun altro: i canali sono occupati, i pensieri sono monopolizzati, non c'è spazio per sovrapporre un'altra immagine a quella che già domina.

Bisogna quindi che la mente sia libera, aperta a ciò che proviene dal mondo esterno. Ma non soltanto: occorre probabilmente uno stato d'animo speciale, quasi una predisposizione a essere recettivi a segnali che possono agire come dei fiammiferi, incendiando un materiale che in quel momento è infiammabile.

Sei colpi di pistola

Nel campo dell'amore, naturalmente, la variabilità è grande. Ci sono persone che si innamorano in continuazione, altre che, dopo un'esperienza bruciante, si chiudono a riccio. Ci sono amori a prima vista, altri che decollano più lentamente, innamoramenti teneri, altri passionali. Ci sono individui che "perdono la testa", rompono con la famiglia e abbandonano moglie (o marito) e figli, o che provocano addirittura crisi istituzionali, come Edoardo VIII che rinunciò al trono d'Inghilterra per amore di Wally Simpson, un'americana divorziata che non poteva diventare sua moglie per ragioni di Stato.

Il mondo è pieno di amori felici oppure tormentati, di passioni che possono far volare alto oppure sfociare in veri e propri drammi. Qualcuno ha detto che l'innamoramento in certi casi è come una droga, che modifica profondamente il comportamento, crea una dipendenza, induce a fare qualunque cosa pur di non perdere la persona amata, e può portare a drammatiche crisi di astinenza in caso di interruzione brusca del rapporto, cioè di abbandono.

Le cose si complicano quando l'innamoramento è unilaterale. L'amore non corrisposto viene vissuto in modo sofferto: a volte in silenzio, con rassegnazione, altre volte come un'ossessione. Ma talvolta può esplodere in una vera e propria patologia. Come nel caso di John Hinckley.

Il 30 marzo 1981, all'ingresso di un albergo di Washington, John Hinckley sparò sei colpi calibro 22 contro l'allora presidente degli Stati Uniti Ronald Reagan. Uno dei proiettili perforò il polmone sinistro, fermandosi a tre centimetri dal cuore. Grazie all'immediato ricovero al George Washington University Hospital, Reagan si salvò.

Qualche ora prima, in un motel, Hinckley aveva scritto una lettera indirizzata alla celebre attrice Jodie Foster: "Cara Jodie, come ormai sai bene, ti amo tantissimo. Negli ultimi sette mesi ti ho mandato decine di poesie, lettere e messaggi d'amore, nella tenue speranza di avere l'onore della tua attenzione. [...] So che i molti messaggi che ho lasciato alla tua porta e nella tua cassetta delle lettere sono stati una seccatura, ma per me erano il modo più indolore per esprimere l'amore che nutro per te. [...]
"Jodie, ora procederò con questo nuovo tentativo perché non posso più aspettare, devo colpire la tua attenzione. [...] Spero che sacrificando la mia libertà, e forse la mia vita, riuscirò a farti cambiare idea nei miei confronti.
"Ti amerò per sempre. John".

Al processo, lo psichiatra di John Hinckley spiegò che non si trattava del gesto di un pazzo, ma di un estremo tentativo di ottenere l'attenzione della donna amata. La giuria, però, fu di diverso avviso, e Hinckley fu mandato in un ospedale psichiatrico, dove è tuttora ricoverato.

Di chi ci innamoriamo?

Ma di chi ci si innamora?
Questo, naturalmente, è quasi impossibile da dire. Non è come andare al supermercato, confrontare le varie marche e i vari prezzi per decidere quale prodotto scegliere.
L'amore non è infatti una scelta razionale. Anzi, non è neppure una scelta. Gran parte di coloro cui è stato chiesto "perché" si sono innamorati di una certa persona hanno risposto che non è stata una scelta, ma qualcosa che è penetrato nel loro cuore e nel loro cervello senza che capissero bene perché. È

stata come una reazione chimica che si è prodotta all'interno, impadronendosi delle loro emozioni e dei loro pensieri.

Tutti hanno due occhi, un naso e una bocca, tutti camminano su due piedi, sorridono, gesticolano, ma capire perché una certa combinazione piuttosto che un'altra possa far innamorare rimane un mistero. Non si conosce la "formula" di questa reazione chimica. E si rimane stupiti, a volte, che la fiamma dell'innamoramento si accenda per persone sorprendentemente diverse da quelle che ci si potrebbe attendere. Ci sono, per esempio, ergastolani, autori di rapine e omicidi, che ricevono in carcere lettere d'amore da sconosciute. Ci sono uomini che si innamorano di donne che chiaramente li sfruttano, donne che si innamorano di "mascalzoni" ecc. L'amore è cieco, si dice. Ed è vero. Soprattutto nella prima fase. Una fase in cui non si è soltanto ciechi, ma anche sordi agli eventuali richiami alla saggezza da parte di parenti e amici L'amore, infatti, non ha nulla a che fare con la saggezza: è un tuffo in una dimensione nuova, bellissima, irresistibile, dove nient'altro importa. I conti si faranno magari più in là, quando sarà passata la febbre e rimarranno i postumi della "follia".

E non a caso si parla proprio di "amore folle", di "pazzie" d'amore: per amore si fanno cose che mai si farebbero in momenti normali. Si può rinunciare a un'esistenza serena per seguire un richiamo che è più forte di ogni altro. È una luce abbagliante che oscura tutto il resto e che lascia al buio anche le cose più importanti: il lavoro, gli affetti, i propri beni. Ci sono persone che si sono rovinate finanziariamente, gettando nell'incendio tutto ciò che possedevano, rimanendo, a volte, solo con il fiammifero carbonizzato in mano. Ci si può anche suicidare, per una delusione d'amore.

Ma se le grandi "pazzie" d'amore, quelle che creano un trauma nella propria esistenza, sono meno frequenti, le "normali" pazzie sono storie di ogni giorno, vissute da tutti coloro che si sono innamorati. Come dicevano le risposte precedenti, quando la persona amata si è installata nel cervello, si è disposti a fare qualunque cosa per lei, rinunciando a tutto. Con la differenza che, quando nasce un amore profondo tra due persone che progettano un futuro comune, queste "follie" d'amore tendono solitamente al bene della persona amata, non alla sua rovina.

L'amore, dunque, colpisce in modo subdolo, spesso improvviso. È un sentimento irrazionale che penetra dolcemente e invade tutto l'organismo, come un'endovenosa che si diffonde capillarmente e che modifica il nostro modo di pensare e di agire. Provocando, a volte, una narcosi totale.

Il "lui" o la "lei" che sono all'origine di questo gran turbamento non hanno un volto preciso, sfuggono a ogni identikit. O meglio, hanno tanti volti, si presentano nei modi più diversi, imprevedibili. Possono colpirci per il loro modo di fare o per il modo di guardare, per l'insieme o per un dettaglio. Senza che si riesca a capire bene da dove proviene quel sottile incantesimo che ci avviluppa e ci ipnotizza.

È questo che caratterizza l'"amore a prima vista". Sondaggi fatti da ricercatori hanno rivelato che addirittura nel 30-40 per cento dei casi la scintilla è scattata al primo incontro.

Attratti dal diverso (ma non troppo)

Se è dunque difficile dire di chi ci si innamora e perché, la ricerca ha tentato comunque di capire almeno alcune cose: per esempio, di chi *non* ci si innamora.

Studi fatti nei kibbutz di Israele hanno mostrato che non ci sono matrimoni tra ragazzi cresciuti insieme. Si verifica, per così dire, un "effetto incesto". In questi casi pensare di accoppiarsi crea un senso di repulsione, così come avviene tra fratello e sorella. È l'eccessiva familiarità che disinnesca l'attrazione sessuale, cioè il fatto di essere vissuti giorno per giorno insieme, sin dall'infanzia. È un "imprinting" che sembra affondare le radici soprattutto nel periodo d'età fra i tre e i sei anni.

Va detto, per inciso, che questa barriera sessuale tra fratelli e sorelle rappresenta un vantaggio dal punto di vista biologico, ed è forse una caratteristica che si è affermata con l'evoluzione: è ben noto, infatti, che un figlio nato da consanguinei stretti presenta un rischio più elevato di malattie genetiche. Ciò è dovuto al fatto che è più probabile che due patrimoni genetici molto simili siano portatori dello stesso gene difettoso, e che unendosi insieme diano origine a un individuo malato. Al contrario, due patrimoni genetici diversi si compensano, e un gene sano dell'uno può "sostituire" la funzione difettosa dell'altro.

Il timore delle malattie genetiche è così alto negli Stati Uniti che in 28 Stati la legge proibisce il matrimonio tra cugini primi. In realtà, alcuni studi del professor Arno Motulsky hanno mostrato che il rischio non è molto elevato. Esaminando tutti i dati registrati tra il 1965 e il 2000, risulta che la probabilità di avere un figlio con una malattia genetica (per esempio, spina bifida o fibrosi cistica) passa dal 3-4 per cento della popolazione generale al 4,7-6,8 per i figli di cugini primi. Bisogna però anche dire che il ripetersi di matrimoni tra parenti (come avveniva un tempo nei piccoli villaggi) fa aumentare il rischio.

Ma fino a che punto si è attratti dal diverso? Una certa "estraneità" indubbiamente attira. È il fascino per esempio della straniera, o dello straniero. Ma se ci guardiamo intorno ci accorgiamo che, all'interno della coppia, in definitiva, maschio e femmina sono abbastanza simili da molti punti di vista. Hanno somiglianze fisiche (belli con belli, brutti con brutti), ma soprattutto culturali.

Nella specie umana questo è un fattore molto importante. È assai difficile (pur con le dovute eccezioni) che due persone destinate a passare insieme tutta la vita non abbiano certe affinità di base. Alcuni studi mostrano infatti che esiste una tendenza a unirsi a un partner "compatibile" sotto molti aspetti: livello educativo, intelligenza, valori, ma anche visione della vita, senso dell'umorismo, religione, orientamento politico, interessi.

Non è detto che tutte queste cose collimino perfettamente, ma è raro che possano allontanarsi troppo da una certa base comune. Anche nei matrimoni cosiddetti "misti", oggi in aumento (e che rappresentano comunque una piccola minoranza), si ritrovano certe affinità senza le quali è difficile che un'unione possa riuscire. E durare.

Del resto vedremo in seguito, a proposito degli annunci matrimoniali, che lo sconosciuto, o la sconosciuta, con cui si

intende aprire un dialogo in vista di un'unione seria deve possedere, appunto, determinate caratteristiche che non siano troppo distanti dalle proprie.
In un certo senso è come per l'amicizia. Gli amici veri sono persone con le quali abbiamo molte affinità (educazione, valori, interessi, senso dell'umorismo, modi di pensare ecc.). E non potrebbe essere diversamente. È questo che nutre i legami interpersonali e crea amicizie durature.

L'esperimento del ponte

C'è in proposito un'osservazione interessante. Certe amicizie diventano speciali se nascono o si sviluppano in situazioni particolarmente emotive: per esempio, tra i reduci di una guerra, o tra persone che hanno vissuto insieme situazioni di grave rischio. In questi casi nasce un rapporto particolare, legato a momenti difficili o drammatici superati insieme, che "cementano" l'amicizia.

Mi veniva in mente tutto questo leggendo il cosiddetto "esperimento del ponte". È un esperimento spesso citato in psicologia. Una bella ragazza era stata messa su un ponte con il compito di fermare giovani uomini soli, chiedendo loro di rispondere a un questionario. La ragazza, in seguito, aveva fatto la stessa cosa su un altro ponte, questa volta un ponte sospeso molto stretto e ondeggiante, in una giornata ventosa, da vertigine. In entrambi i casi aveva chiesto ai ragazzi interpellati di scrivere anche una breve storia basata su una fotografia. E aveva lasciato l'indirizzo dell'hotel in cui alloggiava nel caso gli intervistati desiderassero ulteriori informazioni.

Il professor Arthur Aaron, della Stony Brook University di New York, ha scoperto che la situazione di paura aveva influito sui giovani che transitavano sul ponte ondeggiante: molti di essi avevano richiamato la ragazza, e i loro racconti erano più romantici e a sfondo sessuale. Egli ritiene che le forti emozioni possano "travasarsi" l'una nell'altra, e che l'accendersi di un amore, o di un'attrazione, sia facilitato da esperienze intense vissute insieme. Scherzando, il professor Aaron consiglia: "Se volete creare le condizioni giuste con una ragazza, portatela sull'ottovolante...".

Durante la guerra, nei momenti duri dei bombardamenti, dello sfollamento, dei rifugi antiaerei, gli incontri erano certamente più carichi d'emozioni di quelli che possono avvenire oggi in discoteca. I sentimenti e le storie erano vissuti più intensamente in un'atmosfera di tensione, quasi una rivincita della vita contro la morte.

Tutto ciò sembra trovare un'eco anche nella biochimica cerebrale. In queste condizioni emotive (ne parleremo tra poco) nel nostro cervello aumenta il livello di dopamina, un neurotrasmettitore coinvolto nel substrato chimico dell'attenzione e dell'azione. Lo stesso che è particolarmente attivo anche durante la fase dell'innamoramento.

Se è dunque impossibile dire *di chi* ci si innamora, sembrano esistere tuttavia alcune condizioni che favoriscono o meno l'attrazione: una negativa, lo abbiamo visto, è l'eccessiva familiarità dovuta al crescere insieme sin da bambini. Un'altra, positiva, è l'esistenza di certe affinità di educazione, valori, interessi, visione della vita ecc., che creano un terreno comune, più ricco di intrecci e legami. Un'altra condizione probabilmente favorevole è il clima che si viene a creare in certe situazioni fortemente emotive vissute insieme.

Ma c'è un altro aspetto, forse ancor più importante: sono i segnali che giungono dalla persona per la quale si prova attrazione. Se sono segnali di indifferenza, o peggio di non gradimento, è molto probabile che la fiammella iniziale, investita da questo vento gelido, ondeggi e finisca per spegnersi. Se, al contrario, i segnali sono invitanti e comunicano un'analoga attrazione, la fiammella prende vita, cresce, diventa più calda.

Così come per l'amicizia occorre una corrente di simpatia nei due sensi, anche nella nascita di un amore la reciprocità è gratificante, dolce come una carezza, e alimenta il fuoco. Se poi i segnali di attrazione diventano rapidamente molto forti, da entrambe le parti, è il "colpo di fulmine". Nello scambio degli sguardi passa allora una corrente ad alto voltaggio. E la fiamma può allora trasformarsi in un incendio.

Ma cosa succede nel cervello quando due persone si innamorano? Quando avviene una congiunzione meravigliosa di sentimenti, emozioni, pensieri? Quando ogni istante è vissuto intensamente e ogni lontananza riaccende il desiderio di ritrovarsi?

Sono stati fatti esperimenti per capire cosa succede nella rete cerebrale. È l'aspetto più nuovo degli studi sull'amore, che cerca di esplorare i meccanismi biologici di base. Ecco alcuni dei principali studi, raccontati in modo sintetico, senza entrare in dettagli complicati.

Il capitolo che segue sarà quindi un po' più tecnico (e lo si può saltare a piè pari, senza danno per la lettura), ma se avrete la pazienza di leggerlo vi fornirà probabilmente un quadro utile per capire meglio il contesto in cui si muovono le nostre emozioni.

II
Cosa succede nel cervello?

La fotografia della persona amata

La dottoressa Helen Fisher, antropologa alla Rutgers University di New York, ha effettuato una serie di test su un gruppo di studenti, maschi e femmine, selezionati tra coloro che si erano dichiarati innamorati di recente e che avevano accettato di partecipare all'esperimento. La prima prova consisteva in un colloquio e in un formulario destinati a valutare il loro grado di innamoramento. Furono scelti quelli che risultavano profondamente coinvolti con il partner (pensavano a lui o a lei in continuazione, si vedevano appena possibile, avevano difficoltà a dormire, il batticuore appena si sentivano al telefono ecc.).

Questi studenti vennero sottoposti a una risonanza magnetica "funzionale". Si tratta di una particolare risonanza magnetica che consente di scannerizzare "fette" sottili del cervello, una ogni cento millesecondi: in questo modo l'intero cervello può essere analizzato in soli quattro secondi. Un tempo sufficientemente breve da poter valutare gli effetti di un'emozione.

Durante la risonanza magnetica a questi volontari venivano fatte vedere fotografie della persona amata e, dopo un certo intervallo, venivano loro mostrate altre fotografie, questa volta neutre. Ricominciando poi da capo ogni volta.

L'idea era quella di capire se si attivavano differenti circuiti cerebrali a seconda delle immagini. La tecnica utilizzata, infatti, consente di visualizzare il flusso del sangue nel cervello:

dove il flusso aumenta di intensità, vuol dire che quella certa area sta funzionando più attivamente.

Si è così potuto vedere che quando i volontari osservavano l'immagine della persona amata si "accendeva" una particolare area, diversa da quella che si attivava guardando le altre fotografie. L'area coinvolta era una parte primitiva del cervello, quella del cosiddetto "nucleo caudato": essa fa parte del sistema che presiede alle sensazioni di piacere, e soprattutto che pianifica i movimenti diretti a ottenere tali sensazioni.

L'altra osservazione interessante è che contemporaneamente si attivava anche un'altra area (quella detta del "tegumento ventrale"), che produce dopamina. La dopamina è uno dei tanti neurotrasmettitori che fanno funzionare il cervello stimolando e modulando il passaggio del segnale nervoso tra una cellula e l'altra. Si sa che alti livelli di dopamina producono energia, iperattività, perdita del sonno e dell'appetito. E anche batticuore e tremori. Manifestazioni tipiche proprio dell'innamoramento.

Un cavallo di Troia

Le ricerche condotte in questi ultimi tempi su cervello e amore hanno rafforzato in vari studiosi, come la Fisher, un'interessante ipotesi. L'innamoramento non sarebbe altro che un sistema primario di sopravvivenza, frutto dell'evoluzione, e svolgerebbe un ruolo ben preciso, ossia quello di spingere gli esseri umani a creare un forte legame a due, attraverso una focalizzazione continua sulla persona amata, in modo da creare le basi, grazie a un'unione di coppia durevole, di quello che è il progetto essenziale della vita: la riproduzione e le successive cure parentali.

In altre parole, l'innamoramento non sarebbe altro che il cavallo di Troia escogitato dall'evoluzione per indurre due persone a unirsi, grazie a uno stato alterato della coscienza, in modo da creare le condizioni perché si riproducano.

Si potrebbe aggiungere che, così come per la maggior parte dei mammiferi, funziona il trucco dei feromoni (le femmine in calore disseminano i loro profumi sessuali a distanza, e i maschi sono irresistibilmente attratti da questi richiami olfattivi, facendo di tutto per accoppiarsi), analogamente per gli esseri umani funziona il trucco dell'innamoramento, che in pratica è come un'anestesia di certi parti del cervello e un'attivazione di altre, per far sì che due persone si attraggano irresistibilmente e generino un'altra vita. Un'alterazione che deve durare abbastanza a lungo per permettere a questo nuovo essere di sopravvivere.

L'innamoramento, dice la Fisher, ha infatti questo di caratteristico: diversamente da gran parte delle emozioni, non si spegne con facilità. Le normali emozioni in genere vanno e vengono, durano dal mattino alla sera; invece lo stato emotivo creato dall'innamoramento è persistente, come il bisogno di calore, che chiede continuamente di essere soddisfatto. In altre parole è un bisogno analogo a quello della sete o della fame.

Anche se lo nega...

Altri esperimenti molto simili, condotti precedentemente da un'équipe di Londra, avevano ottenuto risultati analoghi. Anche qui l'idea era quella di osservare le variazioni cerebrali quando soggetti volontari osservavano delle fotografie mentre erano sottoposti a risonanza magnetica funzionale.

All'University College di Londra, Andrea Bartels e Semir Zeki avevano esaminato in questo modo diciassette individui, comparando l'attività del cervello mentre guardavano fotografie diverse: della persona amata, e di tre amici del loro stesso sesso e della stessa età. Anche questi studi hanno suggerito l'esistenza di una particolare rete collegata all'innamoramento: una rete che "accende" quelle zone del cervello dove si concentrano i recettori della dopamina. Poiché questi alti livelli di dopamina, come dicevamo prima, innalzano il livello di attenzione, di iperattività, di vigilanza ecc., creano le condizioni perché l'innamorato si concentri a tempo pieno sull'amato e faccia di tutto per mantenere questa relazione.

Secondo Bartels e Zeki, questi tracciati sono così ben caratterizzati da poter "rivelare", come una specie di macchina della verità, se un soggetto è davvero innamorato, oppure no, della persona raffigurata sulla fotografia, anche se lo nega!

I due ricercatori hanno provato inoltre a porre i volontari in situazioni emotive diverse, quali eccitazione sessuale, sensazioni di felicità o di euforia; hanno persino esaminato madri che guardavano i propri figli. Tuttavia, comparando le varie immagini hanno riscontrato che i tracciati dell'innamoramento continuavano a essere unici, anche se con qualche sovrapposizione con gli altri tracciati.

L'aspetto interessante di questi studi, sostengono Bartels e Zeki, è che essi indicano chiaramente come grazie a questo metodo diventi possibile cominciare a esplorare gli stati affettivi del cervello.

Praticamente è come cominciare a "leggere" una mappa del cervello, identificando le reti neurali in azione, che si attivano a seconda del tipo di emozione che il soggetto prova in quel momento.

Certo, bisogna essere molto prudenti in un campo come questo perché, come qualcuno ha fatto notare, tale metodo di indagine non è in grado di separare e misurare adeguatamente le varie emozioni in un sistema complesso come quello del cervello (dove tutto interagisce, e del quale non abbiamo ancora compreso la molteplicità di certe funzioni). Ma forse la strada ora è aperta.

Il professor Antonio Damasio, dell'Università dell'Iowa, molto conosciuto per i suoi studi sull'attività cerebrale attraverso le immagini ottenute con la tomografia a emissione di positroni (PET), ha dal canto suo compiuto particolari ricerche per identificare altre aree coinvolte nelle emozioni.

Lo studioso ha chiesto a quarantuno volontari di ricordare episodi della propria vita collegati a tristezza, felicità, rabbia, paura e anche amore, immedesimandosi il più possibile nelle sensazioni provate in quel momento. Quando i soggetti segnalavano di essersi calati in quel particolare stato emotivo, la loro attività cerebrale veniva scannerizzata con la PET, e poi comparata con le immagini ottenute quando invece ricordavano situazioni neutre.

Il professor Damasio ha così confermato che i tracciati ottenuti in tal modo erano diversi a seconda delle emozioni evocate.

Che le cose siano però più complicate di quanto appaiano viene riconosciuto dagli stessi Bartels e Zeki i quali, nelle conclusioni del loro studio, scrivono quanto sarebbe sorprendente che un sentimento così complesso come l'innamoramento, una delle più ricche esperienze umane, risultasse circoscritto in certe aree relativamente molto piccole del cervello. Data la capacità dell'innamoramento di influenzare in così larga misura il nostro comportamento, è poco probabile che queste aree agiscano in modo isolato: le diffusissime connessioni che esistono in queste zone costituiscono senza dubbio un tramite per coinvolgere altre parti del cervello che futuri studi potranno rivelare.

L'innamoramento come disturbo ossessivo

E infatti si sono trovati anche altri "segnali" biologici che accompagnano l'innamoramento e che possono essere osservati indirettamente anche dall'esterno. Esiste in proposito uno studio pionieristico condotto nel 1999 all'Università di Pisa dalla psichiatra Donatella Marazziti. La sua ricerca è partita da pazienti affetti da disturbi ossessivo-compulsivi.

Si tratta di disturbi che provocano strani comportamenti: per esempio, spingono a controllare e ricontrollare se la chiavetta del gas è chiusa, o se l'antifurto della macchina è inserito, oppure spingono a lavarsi continuamente le mani per eliminare i batteri che possono essersi attaccati alla pelle. Ma provocano anche altre "fissazioni", come un'attrazione fatale per i giochi d'azzardo malgrado si continuino a perdere fortune.

Questi pazienti sono stati studiati per capire se il loro comportamento fosse collegato a qualche variazione nell'attività di certi neurotrasmettitori (cioè di quelle sostanze che regolano il passaggio del segnale elettrico tra un neurone e l'altro). E si è così scoperto, attraverso analisi del sangue, che chi soffre di disturbi ossessivo-compulsivi ha un più basso livello di serotonina. In questi pazienti il livello di serotonina è infatti circa il 40 per cento più basso del normale.

Poiché anche chi è nella fase di innamoramento profondo presenta una vera e propria ossessione nei confronti della persona amata, la professoressa Marazziti ha pensato di misurare il livello di serotonina anche negli innamorati. Per questo sono stati selezionati studenti volontari, di ambo i sessi, con le seguenti caratteristiche: essere innamorati da meno di sei mesi, pensare alla persona amata almeno quattro ore al giorno, non aver mai fatto l'amore insieme. Una relazione del tipo Dante e Beatrice, insomma.

L'esperimento consisteva nel mettere a confronto venti studenti innamorati, venti pazienti con disturbo ossessivo-compulsivo (non trattati) e venti persone normali non innamorate.

L'analisi del sangue eseguita sugli innamorati ha mostrato che le loro piastrine trasportavano circa il 40 per cento in meno di serotonina. Esattamente come i soggetti affetti da disturbi ossessivo-compulsivi.

Va detto che alcuni di questi innamorati, riesaminati qualche mese dopo, mostravano nuovamente un livello di serotonina normale. In altre parole, l'innamoramento profondo, di tipo ossessivo, è un "disturbo" che in genere si riassorbe nel tempo.

La cosa interessante è che oggi i pazienti affetti da disturbi ossessivo-compulsivi vengono curati con farmaci che innalzano il livello di serotonina: si otterrebbe lo stesso effetto anche sugli innamorati? Cioè, questi farmaci eliminerebbero o attenuerebbero le loro dolci ossessioni d'amore? Sarebbe mostruoso condurre esperimenti del genere. Ma qualcosa è stato fatto con persone che soffrono di gelosia in modo patologico, con forme acute che assumono le caratteristiche di un vero e proprio disturbo ossessivo-compulsivo, accompagnato da un basso livello di serotonina.

È il caso di un marito che teneva la moglie chiusa in casa, la interrogava di continuo su cosa avesse fatto durante il giorno, a chi avesse pensato, costringendola, quando usciva, a coprirsi completamente, con cappuccio e occhiali scuri, perché non suscitasse il desiderio di altri uomini.

L'uomo ha accettato di farsi curare con questi farmaci, e la sua forma ossessiva di gelosia si è attenuata.

Insomma, biochimica cerebrale e stati emotivi sono strettamente collegati tra loro. E non potrebbe essere altrimenti, dal momento che il cervello non è un'entità astratta, ma un intreccio di cellule nervose che "scattano" quando vengono stimolate da certe sostanze chimiche (i neurotrasmettitori, appunto) che ne modulano l'attività.

Naturalmente ci si può chiedere se questa attività biochimica sia la *conseguenza* del comportamento, oppure se ne sia la *causa*. Nell'esperimento di cui parlavamo prima, nel corso del quale alcuni volontari venivano invitati a immedesimarsi in situazioni di tristezza, felicità, rabbia, paura e anche amore, le reazioni biochimiche rilevate dalla PET erano la conseguenza di un atto volontario dell'individuo: in altri termini, "pensando" di essere arrabbiati o innamorati è possibile attivare dei circuiti interni che creano questa situazione emotiva.

Ma è possibile fare il contrario? Cioè provocare artificialmente un'emozione, un istinto, un comportamento, agendo direttamente sulle cellule nervose? Con gli animali è stato fatto, in vari modi. Per esempio, trasferendo del DNA da topolini di campagna (monogami) a topolini di montagna (poligami) si è modificato il comportamento di questi ultimi, rendendoli monogami. In altri esperimenti si è indotto in questi topolini anche un comportamento di cure parentali (cioè di amore per i piccoli) iniettando semplicemente nel loro cervello vasopressina e ossitocina, due ormoni che hanno un ruolo importante nello sviluppo dell'"attaccamento" anche nella specie umana.

Nessuno si metterà mai a fare esperimenti del genere sugli uomini, ma è molto importante capire quello che avviene nella "cantina" del cervello, per rendersi conto che queste alchimie condizionano profondamente il nostro comportamento.

La cantina delle emozioni

Non è il caso qui di descrivere in dettaglio la complessità delle varie parti che compongono il cervello e che sono il risultato di milioni di anni di evoluzione. Si sa che, semplificando all'estremo, il nostro cervello è composto da tre "bucce" principali, secondo una celebre definizione del professor Paul D. MacLean: nella parte più profonda si trova il cervello del "rettile", quello più arcaico, che presiede alle funzioni di base della sopravvivenza; nella parte intermedia quello del "mammifero primitivo", o sistema limbico, che è il centro delle emozioni e dell'affettività; e infine la corteccia, la buccia esterna, molto sottile (tre millimetri soltanto), che avvolge il cervello e che è la sede delle attività superiori, come il linguaggio, l'astrazione, il pensiero, l'associazione di idee, la musica ecc.

Ovviamente le cose sono molto più complicate. Sarebbe come dire che un'automobile è composta da tre parti: le ruote, il motore e la carrozzeria. In realtà ognuna di queste parti è composta da molte altre parti. Per esempio, la regione che presiede alle emozioni, il sistema limbico (quella che maggiormente interessa il nostro discorso), presenta al suo interno varie strutture come l'amigdala, l'ipotalamo, l'ipofisi, l'ippocampo ecc., ognuna con funzioni specifiche.

Poiché gli esseri umani non sono stampati alla catena di montaggio, come le automobili, ma posseggono patrimoni genetici tutti diversi, è chiaro che bastano piccole differenze nella "macchina" cerebrale per provocare risposte diverse. Tantopiù se si combinano con le diverse esperienze personali.

Per non parlare delle disfunzioni che possono verificarsi in alcune parti del cervello. Per esempio, se l'ipofisi non funziona bene si riduce il flusso ormonale, e diminuiscono di conseguenza la capacità di innamorarsi e il desiderio sessuale. Per altre persone, invece, l'incapacità di innamorarsi è dovuta al fatto che l'amigdala non riesce a scatenarsi e a orchestrare tutta la tempesta biochimica necessaria, come fa osservare la psichiatra Donatella Marazziti nel suo libro *La natura dell'amore* (Rizzoli, 2000). È una cosa che può succedere dopo la fine traumatica di un rapporto affettivo e che rende insensibili per un tempo più o meno lungo. In altre situazioni, invece, l'amigdala può essere frenata dagli "stop" che provengono dalla parte razionale del cervello, la corteccia; è il caso di certi individui freddi, magari inibiti nelle emozioni dall'educazione ricevuta.

Ma ci sono anche persone che si comportano in modo esattamente opposto, cioè che si innamorano in continuazione. E questo potrebbe dipendere da un'amigdala troppo sensibile, che scatta di continuo, anche per stimoli minimi. O potrebbe dipendere dal cattivo funzionamento di certe strutture cerebrali che agiscono da filtro, come il talamo.

L'amigdala, del resto, è coinvolta, in modi diversi, anche nei due momenti della vita in cui il ruolo degli ormoni è più determinante: l'adolescenza e la menopausa, che sono proprio i periodi in cui è più facile innamorarsi.

I cercatori di sensazioni

Entrano poi in gioco altre caratteristiche, regolate in parte dai geni, come la timidezza. Ci sono persone timide e introverse che si bloccano in amore, che temono di uscire dalla fortezza nella quale si sentono al sicuro e finiscono per non scendere in campo. Ci sono invece altri che cercano in continuazione gli stimoli dell'innamoramento, saltando da un partner all'altro: sono i *sensation seekers*, come dice la Marazziti. Questi "cercatori di sensazioni", si è scoperto, presentano nel sangue una ridotta quantità di sostanze chiamate MAO (mono-amino-ossidasi).

In pratica ciò significa che la biochimica dei *sensation seekers* ha meno inibitori, lascia in giro una maggiore quantità di sostanze stimolanti che sfocia nella continua ricerca di stimoli.

Lo studio del cervello e dei suoi meccanismi nervosi, biochimici, ormonali, ci offre così una visione nuova della "cantina" del nostro comportamento anche per quanto riguarda l'amore.

Non dobbiamo quindi stupirci se anche gli animali, pur non possedendo le nostre capacità mentali superiori, seguono in amore il nostro stesso percorso, guidati dalle loro "macchine" cerebrali, costruite in modo analogo alle nostre: un percorso che comprende attrazione, corteggiamento, accoppiamento, poligamia, monogamia, gelosia, scontri tra rivali, cure parentali ecc. Avremo modo di parlarne in seguito.

Ma torniamo ora "in superficie" e a quella strana sensazione che si prova quando siamo colpiti da qualcuno. Da chi siamo attratti? E perché?

III
L'attrazione

La bellezza

Si sa che la bellezza è qualcosa di indefinibile. Il fascino, poi, è ancora più sfuggente. Per non parlare di "quel certo non so che" che ognuno percepisce in modo estremamente personale, come fosse un ultrasuono. Al di là, però, delle preferenze e dei gusti personali, esistono dei "parametri" di bellezza condivisi da tutti gli uomini e da tutte le culture? Cioè dei modelli universali che, più o meno consapevolmente, ci portiamo dentro, magari legati alla storia dell'evoluzione?

In effetti, oggi sono in molti a ritenere che la bellezza abbia una sua base biologica. Che non sia cioè soltanto un concetto astratto, appartenente a una categoria estetica, variabile nel tempo e nelle diverse società, ma sia anche l'espressione di certe regole di sopravvivenza modellate dalla selezione naturale. Regole che prevedono particolari requisiti fisici, sia nell'uomo sia nella donna, per assolvere nel migliore dei modi alla funzione centrale nella storia della vita: la riproduzione. Più ci si avvicina a questi requisiti (o a questi "parametri"), più si è considerati "belli", in ogni parte del mondo.

In alcuni esperimenti, per esempio, sono state mostrate fotografie di donne a uomini di continenti e culture diversi, e si è osservata una larga convergenza nel preferire un certo tipo di bellezza femminile dotato di particolari caratteristiche. Come mai?

Per capire perché questi giudizi siano così convergenti, bisogna risalire molto indietro nel tempo e ritrovare un filo conduttore che unisce il passato al presente. Il punto di partenza è, appunto, la riproduzione.

Quando si chiede a un biologo chi è vincente nella lotta per la sopravvivenza, la risposta non è il più forte, il più veloce e neppure il più intelligente. È vincente "chi genera una prole fertile". In altre parole, il vero successo nella lotta per la sopravvivenza non è quello di sopraffare gli altri, ma di riprodursi e far sì che la propria prole arrivi a sua volta all'età riproduttiva. Chi non si è riprodotto, nella storia della vita, è uscito di scena. Anche se era molto forte, veloce o intelligente. Se non è riuscito a far sopravvivere i propri geni, si è estinto.

Riuscire quindi ad accoppiarsi, facendo poi crescere i propri piccoli (e facendoli arrivare fino all'autosufficienza e alla riproduzione), è la vera linea vincente. Questo spiega l'importanza dell'amore, del sesso, delle cure parentali, che sono i comportamenti basilari per permettere la continuazione della vita. Da qui l'importanza di scegliere il partner giusto. Ma qual è il partner giusto?

Il bello della simmetria

Ce lo dice la storia della vita (anche animale): per il maschio, una femmina fertile e sana. Per la femmina, invece, un maschio capace di proteggerla e di esserle vicino nella cura dei piccoli.

Per potersi riprodurre, insomma, sia i maschi sia le femmine hanno sempre preferito partner validi e in buona salute. E cosa voleva dire essere in buona salute? I ricercatori hanno scoperto che una delle qualità importanti era quella di essere "simmetrici".

Per capire il concetto basta fare qualche esempio paradossale. Oggi non verrebbe considerata attraente una persona con un occhio alto e l'altro basso, o con la bocca completamente storta, o con una gamba lunga metà dell'altra. Questa percezione delle irregolarità esiste anche nel mondo animale, persino negli insetti. Uno studio condotto sulle mosche scorpione da R. Thornhill e S.W. Gangestad ha mostrato che le femmine non sono attratte da maschi che non abbiano le ali simmetriche. E infatti se guardiamo un insetto, o qualsiasi altro animale in natura, constatiamo che la perfetta simmetria tra le due metà del corpo è la regola: la tendenza naturale della selezione è quella di mantenere l'equilibrio degli occhi, delle orecchie, degli arti ecc. Le irregolarità sono solitamente attribuibili a difetti genetici, tossine, mutazioni, malattie: quindi esiste in natura un'innata preferenza per gli individui "regolari", la cui simmetria rappresenta, per così dire, un certificato di buona salute. Thornhill e Gangestad, in un altro studio del 1997, hanno preso in esame una popolazione delle Antille e i risultati indicherebbero che gli individui senza difetti di simmetria godrebbero di una minor incidenza di malattie.

Ma questa innata preferenza per la simmetria vale allora anche per la bellezza? Pare di sì. Esistono vari esperimenti che confermano la tendenza a preferire lineamenti regolari (cioè simmetrici) del viso. A studenti maschi e femmine, per esempio, è stato chiesto di giudicare il grado di attrazione di una serie di volti rappresentati in fotografie. Poi è stata misurata la simmetria di questi volti in alcuni particolari punti (pupille, angolazione dell'occhio, zigomi, limiti esterni di naso, bocca e mascelle). Correlando questi dati con i punteggi assegnati dagli studenti, si è notato che la simmetria era uno dei fattori che influenzava maggiormente il giudizio sulla bellezza della persona rappresentata.

Studi fatti da D. Dones su cinque diverse popolazioni hanno confermato che i tratti del volto che presentano maggiore simmetria sono quelli preferiti. In altre ricerche è stato addirittura costruito al computer un viso perfettamente simmetrico, partendo da fotografie reali, e questa immagine è risultata la più attraente.

Il rapporto vita-fianchi

Ma esiste anche un altro parametro universale che entra in gioco nell'attrazione per quanto riguarda la donna: il rapporto vita-fianchi. Le ricerche fatte in proposito mostrano che ovunque gli uomini preferiscono un corpo femminile a forma di clessidra anziché di uovo o di pera.

Il rapporto ottimale tra vita e fianchi risulta essere di 0,67. Vale a dire un rapporto di due a tre. Il che corrisponde alle famose misure di Marilyn Monroe, 90-60-90. Ma è anche il rapporto vita-fianchi che possedeva quella celebre modella che per la sua magrezza fu soprannominata "Shrimp", cioè gamberetto. Non ha quindi importanza il peso: l'importante è che la "linea" ricalchi questi rapporti. Ma perché la clessidra è preferita alla pera o all'uovo? Perché questa forma si addice proprio all'esigenza primaria della riproduzione. Essa segnala a un maschio che la donna in questione è giovane, fertile e sana. Infatti questo rapporto vita-fianchi è tipico di una donna giovane, e rappresenta, per così dire, il profilo dei suoi ormoni sessuali, con la collocazione dei grassi di riserva nei punti giusti. Una diversa distribuzione del grasso corporeo potrebbe invece significare qualche problema di salute.

Anche in questo caso sono state mostrate fotografie di donne con vari tipi di "girovita" a popolazioni che vivono in isolamento, come gli indios Shiwiar, una tribù che abita nell'interno dell'Amazzonia: anche loro preferivano il classico rapporto vita-fianchi, in quanto indicatore di fertilità.

Ma ci sono anche differenze, tra maschi e femmine. Per esempio la preferenza dei maschi per le donne giovani (e quindi per certi suoi "profili ormonali") è legata al fatto che il picco della fertilità femminile si situa tra i 20 e i 24 anni. In passato, quando bisognava fare molti figli, era importante che il corpo femminile rimanesse adatto a procreare il più a lungo possibile. La fertilità femminile, infatti, a un certo punto declina, mentre quella maschile può durare, in teoria, fino alla morte. Di qui nasce probabilmente la preferenza dei maschi per le donne giovani.

Per la donna, invece, è sempre stato importante avere accanto a sé un uomo in grado di difenderla, procurarle del cibo, aiutarla nell'allevamento della prole. Dal punto di vista fisico, quindi, gli uomini alti e forti erano più "attraenti" di quelli bassi e deboli. E poiché i caratteri maschili sono dovuti all'azione di particolari ormoni, come il testosterone, il modello virile presentava peli sul corpo e sulla faccia, una voce più profonda, muscoli più sviluppati, mascella quadrata, mento prominente. E non era importante se questo maschio aveva qualche anno in più: anzi, ciò era spesso un vantaggio, perché significava una posizione di preminenza nel gruppo e quindi una maggiore garanzia di tutela e sopravvivenza.

Con lo sviluppo di società più complesse, essere "forti" ha cambiato sempre più significato: oggi essere forti non vuol più dire essere muscolosi ma essere "potenti", cioè disporre di ricchezza o di uno status sociale dominante. Infatti le donne sono spesso attratte da uomini di successo, magari non più giovani, che sono "muscolosi" non per il loro fisico, ma per il loro potere, i loro soldi, la loro fama. Cioè uomini vincenti. È in questo che consiste la loro forza d'attrazione, la loro "bellezza".

Curiosamente anche le fiabe ci hanno tramandato un modello analogo: quello del re che dava la figlia in sposa al cavaliere vittorioso, cioè colui che "uccideva il drago". Ma come era questo cavaliere: bello o brutto? Simpatico o burbero? Le fiabe non lo dicono, ma c'è una buona probabilità che fosse poco attraente e magari manesco.

La donna avrebbe certo voluto che questo cavaliere fosse anche bello. E tenero con lei. Per una vita in comune gradevole, di collaborazione nell'allevamento dei figli, non basata su un rapporto di sottomissione. Poteva anche succedere, casualmente: ma in realtà le regole erano quelle imposte da tradizioni assai rigide e repressive nei confronti del sesso femminile. Molto spesso la donna non poteva neppure scegliere lo sposo, che veniva selezionato dalla famiglia secondo criteri di convenienza e di interesse. È probabile che il "cavaliere" fosse sovente arrogante e non avesse neppure bisogno di mettere in chiaro che era lui il capo assoluto. Sempre e senza discussioni.

L'uomo perfetto

Nei Paesi avanzati, la rapida evoluzione della condizione della donna e la sua minore dipendenza dalla tutela del maschio hanno notevolmente cambiato la situazione, a volte con conseguenze sorprendenti, come hanno rivelato alcuni esperimenti fatti con il consueto sistema delle fotografie. Infatti il maschio vincente, oggi, non ha più bisogno di essere muscoloso e peloso, fisicamente dominante, ma può essere al tempo stesso vincente e gentile. Anzi, è meglio che sia così.

Alcuni ricercatori, partendo dalle fotografie di dodici giovanotti di aspetto normale, hanno costruito una perfetta faccia maschile, con grandi occhi, viso simmetrico e pelle liscia. Talmente perfetta che alla fine dava una vaga sensazione di femminilità. Ebbene, al dipartimento di Psicologia della St Andrews University, facendo vedere questa immagine a trentaquattro studentesse volontarie, i ricercatori hanno scoperto che un viso di questo tipo era preferito a quelli più mascolini di altri giovani. Le studentesse avevano un'età media di circa 20 anni ed erano state invitate a dare un punteggio da 1 a 7 per valutare il grado di attrazione di varie immagini costruite ad hoc. Il viso "femminilizzato", grazie all'ammorbidimento della linea della mascella, risultò nettamente vincitore.

Secondo l'autore dello studio, Anthony Little, questi tratti addolciti venivano associati, appunto, a un carattere più gentile e a una maggiore disponibilità alla cooperazione. Al contrario, tratti molto mascolini erano considerati più minacciosi e meno graditi. Tuttavia, dice Little, affinché un uomo rimanga attraente occorre sempre una caratterizzazione maschile. In un test di questo tipo, sostiene, un attore come Leonardo Di Caprio apparirebbe forse troppo femminile; mentre un supermaschio come Arnold Schwarzenegger risulterebbe probabilmente troppo aggressivo per essere considerato un partner appetibile. Un personaggio come Brad Pitt potrebbe invece essere considerato un prototipo maschile ideale.

Anche i botteghini del cinema, del resto, sembrano riflettere questa nuova tendenza. I film degli ultimi anni hanno lanciato personaggi come Hugh Grant, graditi al pubblico femminile più dei vari Terminator. E secondo Desmond Morris, il celebre antropologo culturale, questo cambiamento nell'attrazione verso il maschio riflette proprio una crescente indipendenza e autonomia della donna.

Le cose, tuttavia, non sono così semplici: poiché permane, a volte, anche il richiamo della foresta. Cioè l'intimo desiderio di un uomo *macho*, quando i sensi prevalgono. È una tendenza che, secondo alcune ricerche condotte dal dottor Penton-Voak, potrebbe forse essere collegata al ciclo ovarico. Sembra infatti che nei giorni fertili le donne preferiscano, per gli incontri di breve durata, partner più accentuatamente maschili.

E in proposito c'è una ricerca italiana molto interessante, coordinata da Emmanuele A. Jannini, professore di sessuologia medica all'Università dell'Aquila. I ricercatori italiani stanno studiando proprio l'influenza degli ormoni sui meccanismi di percezione della bellezza. I primi dati pubblicati sono affascinanti: durante la gravidanza, cioè nel momento in cui ha più bisogno della presenza di un partner, la donna non è più attratta dall'uomo *macho*.

Ma quanto conta nella vita possedere certi "parametri" di bellezza?

I vantaggi del fisico

È chiaro che essere considerati attraenti offre un numero considerevole di vantaggi, specie per una donna. Sono state realizzate molte candid camera (ne abbiamo fatte anche noi a "SuperQuark") che mostrano quanto gli uomini siano più disposti a portare le valige a donne belle anziché brutte, ad andare a cercare loro un bicchiere d'acqua, oppure a cedere il posto nella fila.

Ma ci sono ricerche che riguardano anche gli uomini. Lo psicologo Allan Mazur ha per esempio cercato di capire come un viso maschile "dominante" possa essere utile in una carriera militare. Le facce "sottomesse", secondo Mazur, sono spesso tonde, oppure strette con le orecchie staccate, mentre quelle "dominanti" sono ovali o rettangolari con le orecchie attaccate: inoltre sono muscolose, con un mento prominente e spesse sopracciglia. Raccogliendo dei dati all'Accademia militare di West Point, negli Stati Uniti, la ricerca ha mostrato che questo tipo di dominanza facciale risultava strettamente legata alle promozioni sia nelle classi junior sia in quelle senior.

Un'altra ricerca, condotta in passato, ha mostrato che anche la statura conta: gli individui alti hanno mediamente retribuzioni maggiori di quelli bassi. Gli individui molto piccoli, in particolare, hanno posizioni e retribuzioni nettamente più svantaggiate.

Essere alti e slanciati, avere il giusto rapporto vita-fianchi, essere giovani, essere simmetrici: questi antichi parametri, che favoriscono l'accoppiamento (e che sono diventati fattori di "bellezza"), sono sempre attuali e molti cercano oggi di migliorarli, o di recuperarli, attraverso una serie infinita di accorgimenti e di tecniche. Per quanto riguarda la simmetria, per esempio, cercando di raddrizzare il naso, riattaccare le orecchie, riallineare i denti, riequilibrare il seno, oppure cercando di correggere il rapporto vita-fianchi con la liposuzione, le diete, la chirurgia plastica, la ginnastica; cercando di apparire più alti con i tacchi (apparenti o nascosti) e in certi casi addirittura allungando chirurgicamente le ossa. E inoltre utilizzando ciprie, rossetti, rimmel, tinture per capelli, trapianti, parrucche, trattamenti antirughe, lozioni, lacche, busti, peeling, cure dentistiche, palestre, manicure, parrucchieri ecc. ecc.

Tutto questo per apparire più attraenti. E avere magari più probabilità di successo nella ricerca di un partner. Per una sera, per un anno, per la vita.

L'arsenale per sedurre

Naturalmente la bellezza è solo uno degli elementi che entrano in gioco nell'attrazione. Si può essere attratti anche da persone non particolarmente belle (persino con tratti irregolari) ma che hanno fascino, o che posseggono altre qualità positive. Persino una leggera asimmetria degli occhi può avere il suo charme (viene in mente il cosiddetto "strabismo di Venere").

I "parametri" di cui parlavamo prima, individuati da antropologi e psicologi, sono certamente importanti e senza dubbio hanno avuto un ruolo nell'evoluzione, ma un mondo così vario e ricco come è quello di oggi consente di rimescolare le carte, offrendo maggiori possibilità di valorizzare la propria personalità. Perché non è solo l'aspetto fisico che può essere migliorato: attraverso la crescita educativa anche la parola si abbellisce, diventa più attraente, più seducente e può contribuire notevolmente a far salire il punteggio individuale.

È quindi con tutto il nostro bagaglio di parole, oltre che di ormoni e di simmetrie, che ci presentiamo agli altri e che da essi veniamo osservati e valutati.

Un rapporto a due può nascere, come dicevamo, in modo inaspettato, in circostanze insolite, oppure può essere frutto di conoscenze fatte sul luogo di lavoro o in casa di amici. Ma può anche essere il risultato di un'azione programmata, di un "blitz" là dove i rapporti possono concretizzarsi più facilmente: per esempio in un *single bar*, cioè un bar dove persone sole vanno per incontrare altri cuori solitari.

Uno psicologo inglese ha ritenuto interessante osservare il comportamento umano in questi locali, perché sono una specie di laboratorio dove osservare in diretta come avviene un corteggiamento. Infatti ogni corteggiamento – ritiene lo studioso, il dottor David Grivens – attraversa varie fasi, che rappresentano in pratica una marcia di avvicinamento. Una marcia cosparsa di ostacoli e di trappole, ma anche di segnali di incoraggiamento da interpretare e di semafori da rispettare.

Ovviamente la situazione nei *single bar* è ben diversa da quella che si verifica in casa d'amici o in una convention aziendale: perché nel primo caso le persone non si conoscono, non hanno amicizie comuni, sono *"strangers in the night"*. Esiste quindi, soprattutto da parte delle donne, una maggiore diffidenza iniziale che va superata. Ma al di là di questo aspetto, la "procedura" è sostanzialmente la stessa: il percorso a tappe che si deve seguire è abbastanza simile in ogni tipo di corteggiamento, anche se in questo caso tutto è concentrato. Si può così osservare dal vivo come si sviluppano certi comportamenti, come si possono aprire o chiudere certe porte, e come possono nascere, oppure no, certi feeling.

Il dottor Grivens si è recato quindi per varie sere in questi bar, in incognito, annotando tutto sul suo taccuino.

Spiando il corteggiamento

Osservando centinaia di approcci e corteggiamenti, ha individuato cinque fasi. La prima è quella in cui ci si fa notare. L'uomo, per esempio, deve far vedere che è maschio, ma attenzione – dice Grivens – a non assumere atteggiamenti dominanti, perché nel corteggiamento sono essenziali i segnali amichevoli. Bisogna anzi mostrarsi persino vulnerabili, in modo da tranquillizzare: tutti i segnali di debolezza, in questa fase, aiutano a diminuire la paura nell'altro, diventando così più avvicinabili. Il messaggio deve dire: "Io non sono pericoloso". Un altro consiglio è di essere, per quanto possibile, se stessi: imitare Humphrey Bogart non funzionerebbe. Il corpo comunica involontariamente tramite una grande quantità di segnali che rivelano la vera personalità e le donne, in particolare, sono molto brave a leggere questi segnali, come se avessero un radar.

Se si supera il primo esame, cioè se non si viene scartati, si entra così nella seconda fase, quella dell'avvicinamento, una fase che permette di capire se le cose possono andare avanti oppure no. Gli occhi qui assumono una grande importanza. Se gli occhi si incrociano e lo sguardo dura più di due secondi, seguito da un timido abbassarsi degli occhi, significa che c'è stato un contatto. È un segnale significativo, che permette di entrare in una nuova fase. Esistono altri segnali che permettono di intuire se tra due persone sedute davanti al bancone c'è attrazione, come un certo sincronismo nei movimenti: ruotando il corpo, per esempio, o facendo gesti analoghi. La gente che si piace tende ad assumere un ritmo sincrono. Sporgersi in avanti, in particolare, è un segnale che indica il desiderio di avvicinamento.

Ci sono naturalmente anche segnali negativi: come tirare indietro la testa, stringere le labbra, girarsi, o cambiare completamente posizione. I fortunati in amore sono coloro che riescono a cogliere all'istante tutti questi segnali e a leggerli sul loro schermo, mantenendo le antenne sempre in funzione.

Ma viene la terza fase, quella in cui, dopo lo scambio di segnali, bisogna cominciare a parlare. Ed è la più difficile: perché uomini e donne, parlando, rivelano la propria educazione, il proprio livello sociale, la propria intelligenza. Molta gente viene eliminata appena apre bocca.

Iniziare un dialogo è un po' come passare gli "orali". Molti hanno paura di rompere il ghiaccio, non sanno come avviare una conversazione e parecchi corteggiamenti non riescono a superare questo stadio. Esistono dei manuali che suggeriscono come attaccare discorso, ma offrono solo dei temi, degli spunti: il fatto è che attraverso il linguaggio si trasmettono molti segnali inconsapevoli, che rivelano la propria personalità. Anche sul piano delle emozioni: la modulazione della voce, per esempio, può rassicurare, calmare, ipnotizzare, come fa uno strumento musicale, oppure può stridere e provocare una reazione di difesa.

Come spesso accade, la conversazione avviene su due livelli: in quello superiore passano le parole, in quello inferiore i gesti, i pensieri nascosti, le espressioni, che raccontano tutt'altro. In questa fase è il livello inferiore che dice le cose più importanti, perché lascia trasparire il modo d'essere, la personalità.

Naturalmente anche gli argomenti sono importanti, ma stando attenti a non parlare di cose che non interessano il vostro interlocutore, come un viaggio in Oriente o la descrizione di una corrida. Molto meglio, invece, spiegare chi siete e interessarvi del vostro partner. E possibilmente inserire dell'umorismo nella conversazione: un uomo che sa divertire non solo è più simpatico, ma lascia presagire un rapporto più disteso "Un uomo che mi fa ridere mi ha già conquistata a metà" diceva una celebre star.

Questa fase della conversazione può durare a lungo, è un test severo. E solo se si supera questa prova si può passare alla fase seguente, la quarta, quella di un maggiore avvicinamento. I segnali sono per esempio la graduale riduzione della distanza, che può avvenire appunto sporgendosi in avanti. A volte il primo contatto è indiretto: con una borsa, un ombrello o una sedia; è un telegramma della propria intenzione di toccare. Il primo contatto pelle-pelle, magari apparentemente involontario, è come uno stetoscopio posto sul cuore: permette di capire l'umore. In caso positivo, un sintomo molto eloquente è l'emergere di tratti infantili nel tono della voce. Il tono dell'uomo diventa più dolce; la donna comincia a usare le modulazioni che si hanno con i bambini piccoli; la conversazione scivola gradualmente verso il contatto fisico. Il toccarsi con gentilezza rassicura, è un modo per ribadire "non sono pericoloso". Non per niente la pelle è l'organo di senso più esteso. Il tocco, quindi, ha il duplice ruolo di consentire un graduale avvicinamento e di favorire l'eccitazione.

Nell'ultima fase le cose di solito vanno alla velocità decisa dalla donna, è lei che controlla l'uomo con i suoi segnali: segnali di stop, di attesa o di avanzata o eventualmente di retromarcia.

Infinite varianti

Questo schema di corteggiamento, che qui abbiamo estremamente semplificato, ha com'è ovvio infinite varianti. Entrano in gioco fattori educativi, emotivi o caratteriali, come per esempio la timidezza. La timidezza spesso "blocca" l'iniziativa, riduce la comunicazione e anche la possibilità di mettere in evidenza i propri lati positivi.

Il professor Philip Zimbardo, della Stanford University, molto noto per i suoi esperimenti di psicologia sociale, ha creato una "clinica per i timidi" allo scopo di aiutare coloro che hanno difficoltà nei rapporti con gli estranei a superare questo muro della comunicazione, elaborando anche degli "esercizi pratici". Per esempio: arrivare a un ricevimento e parlare con persone sconosciute, oppure recarsi in un supermercato e attaccare bottone con una cliente carina.

Nell'infinito gioco del corteggiamento, del resto, non di rado è la donna a prendere l'iniziativa. In passato questo sarebbe parso sconveniente (anche se, in pratica, era sempre lei a teleguidare l'approccio con il linguaggio degli sguardi); oggi le cose vanno diversamente.

Ma il corteggiamento può variare molto, a seconda che la strategia sia di breve o di lungo termine. In altre parole, a seconda che l'obiettivo sia quello di consumare un breve incontro, oppure di costruire un rapporto duraturo. Le qualità richieste sono ovviamente diverse nei due casi.

La cosa interessante, tuttavia, è che gli psicologi evoluzionisti ritengono comunque che la spinta di fondo sia sempre la stessa: quella cioè della riproduzione. Essa rappresenta la grande forza che guida, spesso inconsciamente, tutti i comportamenti in amore: a volte si esprime attraverso un legame forte, che è quello dell'innamoramento, altre volte attraverso un semplice rapporto sessuale, che è il rito di base della riproduzione; altre volte invece attraverso legami di affetto e attaccamento, meno passionali ma più durevoli. Tutti quanti, però, riconducibili alla stessa spinta di base: quella di trasmettere la vita.

L'antropologa Helen Fisher vede un collegamento fra questi tre momenti della "missione" biologica: l'innamoramento che serve ad attrarre, il sesso che serve a procreare e l'attaccamento che è necessario invece per stare insieme e allevare la prole, anche dopo che l'innamoramento è sfumato.

La sequenza può essere diversa: un amore può iniziare da uno di questi tre punti di "ingresso" ed estendersi poi agli altri. Ci sono addirittura casi di persone, aggiunge la Fisher, che praticano contemporaneamente questi tre tipi di amore con persone diverse: persone "attaccate" alla propria famiglia, ma che possono provare un amore romantico per un'altra persona e fare sesso con un'altra persona ancora. Dal punto di vista neurologico, sono circuiti che si accendono in modo indipendente, ma che possono variamente interagire tra loro.

A tale proposito altri psicologi, come R.J. Sternberg, elencano "combinazioni" ancora più sfumate di questi tre aspetti dell'amore: l'*infatuazione* (senza sesso), l'*innamoramento* (con sesso e passione), l'*amore completo* (passione, sesso, attaccamento), l'*amore coniugale* (senza passione), l'*amore vuoto* (solo attaccamento), il *piacere* (solo sesso), l'*amore fantasma* (passione e attaccamento, ma senza sesso) ecc.

Forse si potrebbe vedere tutta questa varietà di "amori" semplicemente come il frutto della combinazione di differenti aree cerebrali, preposte a specializzazioni diverse. Come dicevamo in precedenza, infatti, noi portiamo dentro il nostro cervello la storia dell'evoluzione: ci sono aree più arcaiche che presiedono agli istinti primari, ci sono le aree delle emozioni, le aree del piacere, le aree che presiedono all'elaborazione delle informazioni ecc. Semplificando molto: il paleoencefalo, il sistema limbico, la corteccia. Cioè istinti, emozioni, pensiero astratto.

Combinando tra loro queste aree nei modi più diversi (e con dosaggi diversi di ormoni e neurotrasmettitori) si possono ottenere tutti i vari tipi d'amore che per millenni hanno riempito e continuano a riempire opere teatrali, romanzi, poesie, riviste erotiche, film, fotoromanzi, sceneggiati: da *Giulietta e Romeo* all'*Angelo azzurro*, da Dante e Beatrice a Moana Pozzi.

IV

La sessualità

Il desiderio sessuale

Abbiamo in precedenza visto quali cambiamenti biochimici si producono nel cervello quando si "accende" l'innamoramento (vedremo in seguito quello che succede con l'attaccamento): ma cosa avviene quando si accende il desiderio sessuale? Se ne sa ancora poco, ma qualche primo indizio lascia intravedere alcuni moduli di base nel funzionamento del cervello.

Le nostre aree cerebrali, quelle più arcaiche in particolare, hanno per così dire degli interruttori che scattano quando ricevono certi stimoli. Tanto per fare un esempio che non c'entra niente con il sesso, esiste nel sistema limbico una piccola popolazione di cellule nervose che formano il cosiddetto "nucleo soprachiasmatico" (grande come una capocchia di spillo): quando viene buio (e si chiudono gli occhi) queste cellule stimolano la produzione di determinati ormoni che provocano in altre parti del cervello una reazione a catena destinata a favorire l'innesco del sonno. Molte altre aree cerebrali hanno sistemi analoghi di innesco che provocano reazioni di vario tipo. Ad attivare l'eccitazione sessuale c'è, in questo caso, un piccolo nucleo di cellule nervose chiamato ipotalamo (anzi, i nuclei sono due, uno per ogni emisfero). L'ipotalamo è una struttura molto arcaica e importante, perché regola funzioni basilari come la fame, la sete o il mantenimento della temperatura corporea.

Quando nella nostra rete nervosa arrivano stimoli sessualmente eccitanti (immagini, parole, odori, sensazioni tattili), nel cervello si attivano vari circuiti, ognuno per il settore di sua competenza (la corteccia, in particolare, interpreta questi segnali e magari vi costruisce sopra fantasie erotiche): ma è l'ipotalamo (diverso nei maschi e nelle femmine) a innescare la sequenza principale, quella che stimola la produzione di ormoni sessuali.

Contemporaneamente provoca anche una reazione a catena che innalza il livello di dopamina (il neurotrasmettitore che regola l'eccitazione) e abbassa quello di serotonina, un altro neurotrasmettitore che ha invece un ruolo inibitorio.

L'"allarme", a questo punto, è generalizzato ed entrano in azione altri centri nervosi: due, in particolare, situati lungo il midollo spinale, che trasmettono l'eccitazione ai genitali attraverso un altro interruttore che fa affluire una maggiore quantità di sangue, provocando una tumescenza. È così che avviene l'erezione del pene, gonfio del sangue arrivato nel suo "corpo cavernoso" attraverso l'apertura automatica dei portelli d'ingresso.

Tutta questa serie di eventi "a cascata" si produce senza che noi neppure ci rendiamo conto di quello che sta avvenendo al nostro interno. È una straordinaria e complicatissima rete di cellule nervose, ormoni, neurotrasmettitori, enzimi, che agiscono a nostra insaputa e che a loro volta inducono altri effetti, come l'aumento della pressione, del battito cardiaco e della respirazione, preparando il corpo alla sua fondamentale missione riproduttiva, prevista in ogni dettaglio da milioni di anni di evoluzione.

In un suo famoso film, *Tutto quello che avreste voluto sapere sul sesso e non avete mai osato chiedere*, Woody Allen aveva reso bene, in modo molto immaginativo, il concetto di questa straordinaria macchina che si mette in moto autonomamente grazie a stimoli che arrivano dall'esterno. Nel suo film si vedevano due giovani in auto, appartati in un luogo buio, che con i loro baci e le loro carezze audaci attivavano l'eccitazione: la corteccia cerebrale era rappresentata come un centro di controllo spaziale che coordinava le attività dei piani inferiori, dove si trovavano, tra l'altro, degli argani per l'erezione e un "commando" di individui con tuta bianca e cappuccio, pronti per il lancio.

In questa fase dell'eccitazione il bacio ha un ruolo molto importante, perché le labbra sono tra le parti del corpo più sensibili alle sensazioni tattili: in pratica sono come delle mucose rivolte verso l'esterno, mentre la cavità umida e calda della bocca anticipa le emozioni della penetrazione. La saliva dell'uomo contiene, tra l'altro, un certo quantitativo di testosterone, l'ormone sessuale maschile.

Una corsa a staffetta di uova

Insomma, quello che avviene nell'organismo durante l'eccitazione sessuale è l'avvio di un programma che procede per conto suo, predisposto da milioni d'anni di evoluzione: è un sistema automatico che non ha bisogno di essere appreso, così come non hanno bisogno di essere apprese tante altre funzioni del nostro organismo, quali la digestione, il metabolismo, il funzionamento del sistema immunitario e così via.

Quando degli stimoli esterni premono certi bottoni d'innesco, le varie sequenze si attivano "a cascata", in modo coordinato: e a quel punto è difficile capire se siamo stati noi ad accendere il motore, o se è il motore che ha acceso noi. E se siamo noi a guidare la macchina, o se è la macchina che guida noi.

A sentire quello che dicono (e fanno) le persone innamorate, o quelle che sono travolte dalla "passione dei sensi", non sembrano esserci molti dubbi sul fatto che i loro comportamenti (e le loro "follie") siano manovrati da potenti spinte interne che prendono il comando e dirigono di fatto le operazioni dal basso, lasciando alla parte nobile e colta del cervello il compito di tradurre tutto questo in parole, magari in poesie o in canzoni, e persino in ragionamenti. Parole e linguaggi che in realtà parlano sotto dettatura di forti pressioni, le quali hanno il ruolo di spingere un individuo a riprodursi.

Un biologo mi disse un giorno una cosa che mi colpì molto.

«Lei sa cos'è una gallina?» «Me lo dica lei.» «È lo stratagemma di un uovo... per produrre un altro uovo!» Con questo intendeva dire che un uovo, una volta fecondato, dà origine a un nuovo individuo, il quale nasce, cresce, lotta per il cibo, per l'accoppiamento, si riproduce e infine muore: tutto questo, semplicemente per dare origine a un altro uovo...

Sarebbe estremamente limitativo, è ovvio, dire che tutto ciò che fa un uomo nella sua vita, dopo essere partito lui pure da un uovo fecondato, sia semplicemente finalizzato a produrre un altro uovo fecondato (passando, per farlo, attraverso anni e anni di studio, lavoro, competizioni, corteggiamenti, lotte, amori, poesie ecc., fino ad arrivare a riprodursi e poi morire). Ma un po' di verità c'è, in questo paradosso. Nel senso che ciò che in definitiva rimane di un individuo (e di tutti gli individui vissuti nella storia e nella preistoria) è la discendenza. Una discendenza che a sua volta genera altre discendenze, attraverso una interminabile staffetta di uova fecondate.

Tutto questo per dire quanto sia cruciale il ruolo dell'amore, inteso come strumento di una formidabile catena di eventi che ha reso possibile non solo la sopravvivenza della vita, ma anche la nascita, tra un uovo e l'altro, della straordinaria avventura della specie umana. Naturalmente è bene dimenticare tutto questo e continuare a vedere l'amore non da lontanissimo, con il cannocchiale dell'evoluzione, ma da vicinissimo, con gli occhi meravigliati di una continua scoperta. E con i sentimenti e le emozioni che un incontro molto ravvicinato è capace di provocare.

Torniamo quindi alla coppia e ai suoi palpiti.

Dall'eccitazione all'orgasmo

La fase dell'eccitazione ha fatto salire la temperatura del desiderio e c'è ora una mobilitazione generale dei sensi: tutto il sistema nervoso è in "allarme rosso", ogni terminazione nervosa è tesa al massimo per intercettare profumi, suoni, immagini, sensazioni tattili. Le mani si intrecciano, si stringono, scivolano sulla pelle e sul corpo, con un linguaggio segreto che non ha bisogno di interpreti. Il battito cardiaco accelera e invia sangue in superficie. Con i raggi infrarossi si potrebbero chiaramente vedere le zone che diventano più calde e più sensibili: il collo, le orecchie, il seno, il pube. Le labbra si cercano e si uniscono prima con dolcezza, poi con aggressività.

Nel cervello, intanto, ha luogo una tempesta di neurotrasmettitori, con un innalzamento notevole del livello della dopamina. Le zone attivate sono diverse da quelle dell'innamoramento: lo si è scoperto con un esperimento analogo a quello fatto con gli innamorati tramite la risonanza magnetica funzionale. In questo caso, anziché fotografie della persona amata, si sono usate delle immagini erotiche e si è misurato il controllo del livello di eccitazione con un anello intorno al pene. Questo innalzamento della dopamina (e quindi dell'eccitazione) diventa più intenso quando la situazione è più stimolante, per esempio quando si è con un nuovo partner.

I due corpi a questo punto dialogano pelle contro pelle, con gesti antichi ma sempre nuovi ed eccitanti. L'eccitazione è, per così dire, la fase di decollo della sequenza che porterà all'orgasmo. È il momento in cui si innalzano tutti i parametri fisiologici e comincia l'ebbrezza del volo. Questo decollo è più rapido nell'uomo che nella donna.

I ricercatori che studiano la fisiologia del sesso suddividono le varie sequenze che compongono un rapporto sessuale in quattro fasi principali:

- l'eccitazione iniziale;
- il plateau;
- l'orgasmo;
- la risoluzione.

In ognuna di queste fasi si verificano importanti modifiche nel corpo dell'uomo e della donna, con modulazioni spesso assai diverse tra loro. Ecco la descrizione di questo percorso, visto attraverso il taccuino d'appunti del neurofisiologo.

Il primo stadio è dunque quello dell'eccitazione iniziale. In questa fase in entrambi i partner il battito cardiaco aumenta, i muscoli si tendono, il sangue affluisce agli organi genitali, mentre i capezzoli diventano turgidi. Nella donna la vagina diventa più ampia e umida, il clitoride aumenta di volume, il seno diventa più grande e l'utero si alza leggermente. La pressione minima sale di 20-40 punti, quella massima di 30-80.

Nell'uomo si verifica l'erezione, lo scroto si ispessisce e i testicoli si avvicinano al corpo. La pressione minima sale di 20-50 punti, quella massima di 40-100.

La seconda fase è quella che generalmente coincide con la penetrazione. È cioè il punto di massima eccitazione, che può essere raggiunta, persa e nuovamente raggiunta varie volte.

In entrambi i partner aumentano ancor più il battito cardiaco, la tensione muscolare, il ritmo del respiro (che avviene aprendo la bocca per ventilare maggiormente i polmoni) e si prova la sensazione di un imminente orgasmo.

Nella donna il clitoride si ritrae, l'areola dei capezzoli si ingrandisce, la lubrificazione è al massimo, le piccole e grandi labbra continuano a gonfiarsi sotto la pressione del flusso sanguigno.

Nell'uomo il glande si inturgidisce ancor più e i testicoli si avvicinano maggiormente al corpo.

La terza fase è quella dell'orgasmo. Il corpo, a questo punto, è come un arco teso al massimo. Dal profondo emerge una sensazione fortissima di piacere, quasi dolorosa, che si irradia ovunque.

Il corpo è percorso da spasmi e contrazioni irrefrenabili, mentre le parti arcaiche del cervello prendono il sopravvento. Emozioni e istinti si impadroniscono anche del linguaggio, fatto ormai di frammenti di parole misti a grida soffocate e rantoli: la parte evoluta del cervello, la corteccia, è sopraffatta da questo tsunami del piacere, che prorompe dal fondo e travolge tutto.

Nell'uomo, in tutte le aree della corteccia il flusso di sangue si riduce, tranne che in quella pre-frontale. Dal corpo attraversato da fremiti parte finalmente la freccia. È il momento dell'eiaculazione. L'uretra, gli sfinteri, i muscoli delle pelvi si contraggono da 3 a 6 volte, a intervalli di poco più di un secondo.

Anche nella donna ci sono contrazioni con intervalli di poco meno di un secondo, ma sono più numerose: da 5 a 12.

Ed è proprio qui che si registra la più vistosa differenza tra uomo e donna. Mentre la libido dell'uomo, finito l'orgasmo, precipita in un burrone, con una perdita quasi istantanea dell'eccitazione, la donna può essere nuovamente pronta per altri spasmi sessuali. Ritorna cioè nella fase alta del plateau, quella della massima eccitazione, e rimane sull'orlo di nuovi possibili orgasmi.

Il crollo dell'uomo

C'è quindi una notevole "asimmetria" tra maschio e femmina nei momenti che seguono l'eiaculazione. La donna, arrivata al culmine della sua eccitazione, è ancora in una fase in cui ha bisogno di carezze, parole, magari penetrazione, mentre si trova accanto un uomo che ha perso la carica di desiderio ed è crollato non solo fisicamente ma anche psicologicamente. Senza neppure quelle coccole di transizione che potrebbero attenuare la differenza tra le due temperature: quella ancora molto alta della donna e quella invece in rapidissima diminuzione dell'uomo, che si sta raffreddando nel corpo e nella mente.

La pressione del sangue cala, l'erezione si riduce inesorabilmente, nel cervello alle sostanze stimolanti subentrano quelle inibenti, ne segue un rilassamento generale e la scomparsa del desiderio, mentre nella donna occorrono almeno 3-4 minuti prima che il motore cominci a spegnersi. È un momento psicologicamente delicato, di cui l'uomo dovrebbe essere consapevole per riempire di tenerezze il vuoto che si è creato, anziché girarsi dall'altra parte e addormentarsi russando...

Questa diversità tra maschio e femmina riflette un'altra differenza tra i due sessi: la capacità di avere orgasmi multipli. Molte donne hanno questa capacità. Sono aspetti del comportamento sessuale di cui si parla poco, perché riguardano aspetti molto intimi, che rimangono solitamente in una sfera assai riservata. Ma anche qui gli studiosi della sessualità sono entrati per indagare e sperimentare. E riferire.

Risulterebbe che, in assenza di tensioni e apprensioni, molte donne che si trovano nelle migliori condizioni psico-fisiche possono avere almeno tre o quattro orgasmi prima di raggiungere la piena soddisfazione. Lo si è visto, in particolare, in esperimenti di autoerotismo che si concludevano, dopo vari orgasmi successivi, con l'esaurirsi del desiderio.

Di fronte a questa esuberanza sessuale, gli uomini possono offrire un unico orgasmo: certamente molto impegnativo (e che comporta la dispersione del liquido seminale, che richiede tempo per riformarsi), ma che nel momento in cui avviene chiude il rapporto, almeno temporaneamente. La capacità di ricominciare una nuova sequenza dipende, come è evidente, da vari fattori: età, predisposizioni genetiche, circostanze. Più si è giovani più l'intervallo si accorcia: ma ci sono comunque dei limiti fisiologici.

C'è un modo di risolvere questa asimmetria? Sì, dicono gli esperti: è quello di *non* arrivare al momento culminante prima che ci sia giunta anche lei, sincronizzando il proprio orgasmo in modo da renderlo simultaneo al suo. È una cosa che richiede un certo talento: richiede la sensibilità nel condurre le operazioni, in modo da armonizzare questi due differenti cicli, imparando a coltivare meglio il grande giardino del piacere femminile.

Un giardino dove, tra l'altro, i fiori possono sbocciare in luoghi diversi: l'orgasmo femminile infatti, a differenza di quello maschile (che è sostanzialmente uguale in tutti gli uomini), è più ricco e può emergere da zone molto differenti, come la vagina o (più spesso) il clitoride. Inoltre, si è scoperto che il clitoride ha un prolungamento interno di 6-7 centimetri, che, in certi casi, può essere sensibile alle stimolazioni. Si tratta insomma di saper comprendere la ricchezza della natura femminile e assecondarne le vibrazioni.

Anche perché molte donne, secondo i sondaggi, si lamentano di non raggiungere mai l'orgasmo durante i rapporti. C'è in proposito un proverbio francese che dice: *"Il n'y a pas des femmes frigides, il n'y a que des hommes maladroits"*, "Non ci sono donne frigide, ma solo uomini maldestri". Uomini maldestri che, tra l'altro, non tengono conto di un'ulteriore "asimmetria", come ci riferiscono gli esperti che l'hanno cronometrata.

sotto stimolazione l'uomo raggiunge l'orgasmo in 3-4 minuti, mentre per la donna ne occorrono 12-14.

Spesso per l'uomo tutto finisce prima che per la donna qualcosa sia cominciato...

Il famoso "punto G"

E il famoso "punto G"? Esiste oppure no quel mitico punto di massimo piacere della donna?

Qui c'è un discorso molto interessante. Se si osserva al microscopio elettronico un embrione di tre settimane, non si riesce assolutamente a capire se è un maschio o una femmina. La zona genitale è identica (ha l'aria piuttosto di un sesso maschile). Solo se il feto è maschio, e quindi produce testosterone, gli organi genitali a questo punto cominciano a differenziarsi, come in quegli effetti di *"morphing"* che si vedono in televisione, diventando pene, scroto, testicoli. Se invece il testosterone non c'è, come accade nei feti femmina, le stesse strutture divengono clitoride, grandi e piccole labbra, ovaie. In questa trasformazione appaiono anche la prostata (nell'uomo) e l'utero (nella donna). Ma la divisione non è così netta: nella prostata (o nel tratto genitale) dell'uomo esiste oggi un residuo, per così dire, "fossile" dell'utero: l'otricolo. Viceversa, nella parte vaginale della donna esiste un residuo "fossile" della prostata: ed è proprio questa l'area descritta nel 1950 da Gräfenberg, che da lui prende il nome di "punto G".

Questa struttura residua presenta, oltre a ghiandole periuretrali simili alla prostata maschile, anche un tessuto cavernoso, identico a quello del pene. Ed è questo il punto di maggiore sensibilità della vagina (per le donne che hanno questa zona sviluppata) e che è all'origine dell'orgasmo vaginale. Le donne che provano questo tipo di orgasmo lo descrivono come molto più profondo e intenso di quello ottenuto stimolando il clitoride.

Per molto tempo il "punto G" è stato considerato una specie di Ufo, ma recenti ricerche italiane, pubblicate sulla prestigiosa rivista "Urology", hanno permesso di identificarlo attraverso l'azione di un particolare enzima (lo stesso che è coinvolto nell'erezione maschile e sul quale agisce il Viagra). Studiando i meccanismi dell'eccitazione femminile, il professor Emmanuele A. Jannini e i suoi collaboratori dell'Università dell'Aquila e della Sapienza di Roma hanno dimostrato che il punto G è localizzato all'interno della parete anteriore della vagina, all'incontro tra il primo e il secondo terzo della vagina stessa.

La conoscenza della fisiologia del piacere femminile ha ancora una strada lunga da percorrere, ma molte cose ora si cominciano a capire.

Film erotici e risonanza magnetica

Naturalmente tutto quello che è stato detto sinora sul rapporto sessuale va "letto" in modo molto diverso a seconda del contesto. Perché un conto è ciò che dicono i neurofisiologi (che forniscono dei dati di base, nudi e crudi), un altro è il mondo reale in cui queste esperienze hanno luogo, un mondo fatto di persone, relazioni, culture, occasioni, passioni, sentimenti, appetiti, valori che si mescolano nei modi più diversi. E che non riguardano soltanto il sesso. Anzi. Stare bene con qualcuno può significare stare bene anche e soprattutto per altri aspetti, molto più importanti del sesso.

Tutto dipende insomma da che tipo di rapporto esiste tra due persone: se è un rapporto che deve durare una sola sera oppure se deve durare una vita, se è un legame sentimentale oppure una relazione fatta di incontri saltuari. Se alla base c'è amore oppure attaccamento. O magari solo eccitazione sessuale.

Torniamo qui alle tre categorie di amore (anche se in realtà sono molte di più) di cui si parlava all'inizio: amore tra innamorati, amore tra coniugi, oppure solo sesso. È evidente che lo stato d'animo e le fantasie sono diverse se si è a letto con la persona che si ama follemente oppure con il proprio coniuge, o con qualcuno che si incontra clandestinamente per trasgressioni erotiche, o invece con una prostituta.

In certi casi il sesso è il completamento di qualcosa di più profondo, di un amore romantico che riempie i pensieri e i sentimenti, e che rappresenta il punto più intenso e coinvolgente del rapporto a due; in altri casi, invece, il sesso è il protagonista dell'incontro. È in questi casi che la fantasia può sbizzarrirsi maggiormente, con la ricerca di "effetti speciali" e di piccole grandi trasgressioni.

Sherif Karama e alcuni altri ricercatori hanno tentato di studiare alcune di queste fantasie, per esempio misurando il maggiore o minor grado di eccitazione sessuale durante la visione di film erotici.

È stata usata la risonanza magnetica per registrare l'attività del cervello di venti uomini e venti donne sottoposti alla visione di particolari sequenze: e si è osservato che soltanto nei soggetti maschi c'era l'evidenza di una significativa attivazione del talamo e dell'ipotalamo, un'area che svolge un ruolo centrale nella fisiologia del comportamento sessuale. Questa maggiore eccitazione registrata negli uomini, secondo i ricercatori, può essere dovuta alle differenze esistenti nel cervello tra uomo e donna nella zona dell'ipotalamo.

Ancora una volta, quindi, è nelle strutture cerebrali che possono forse trovare origine certe diversità tra il comportamento maschile e quello femminile. Altre osservazioni, fatte questa volta da psicologi, sembrano confermare che effettivamente gli uomini sono più eccitati dalle immagini, mentre le donne sono più eccitate dalle parole. Cosa, questa, osservata anche tramite risonanza magnetica. Ciò non significa che i film erotici lascino indifferenti le donne: in altri esperimenti, condotti da Natalie G. Exton, mostrando film erotici a nove uomini e nove donne si è visto che a tutti saliva la pressione e che la differenza riguardava solo l'aumento di certi neurormoni nel sangue.

Se è vero che le donne sono più sensibili ai racconti che alle immagini, ecco dunque un altro vantaggio che l'uomo di talento può avere a disposizione: l'uso della parola.

Il miele della sessualità

Ma la differenza, nel campo della sessualità, non è soltanto tra uomo e donna: è anche tra donna e donna. Esistono infatti differenze individuali innate anche nel campo della sessualità, come accade per la matematica, la musica, o l'atletica: certe donne hanno al loro interno una vera fiamma che arde per il sesso (quasi come avviene per la maggior parte degli uomini), mentre in altre la fiamma è quasi totalmente spenta. Ma l'altra differenza, più importante, è psicologica. Ed è sostanzialmente la differenza tra la donna del passato e quella di oggi.

Nell'arco delle ultime tre o quattro generazioni sono successe cose che non erano successe nei precedenti tre o quattro millenni. La condizione femminile, infatti, è profondamente cambiata. È inutile ripetere qui considerazioni che spesso si fanno sull'emancipazione della donna: oggi è più indipendente, lavora, si sposa tardi, la verginità non è più un valore di riferimento, la società accetta comportamenti un tempo severamente repressi. Soprattutto dispone di una serie di contraccettivi efficaci e non ha più l'incubo di rimanere incinta, con tutte le conseguenze drammatiche del passato. Le possibilità di incontri si sono moltiplicate e un numero crescente di donne si lascia sedurre dalle occasioni e dai nuovi costumi.

Il fatto centrale è che lo straordinario meccanismo creato dall'evoluzione per la continuazione della vita, cioè il sesso, ha perso gran parte della funzione primaria che aveva in passato. Oggi, infatti, si fanno pochi figli: uno, due o nessuno. Anzi, ci si "difende" con i contraccettivi dal "rischio" di gravidanze non desiderate. Certo, il sesso è ancora necessario per riprodursi, ma questa funzione è ormai un aspetto marginale. Così, mentre il ruolo procreativo della sessualità è passato in secondo piano, è però rimasto il "miele". È cioè rimasto il piacere che la natura ha predisposto per attrarre maschi e femmine l'uno verso l'altro e farli accoppiare, così come ha predisposto il nettare nei fiori per attrarre gli insetti e favorire la riproduzione attraverso l'impollinazione.

Questo miele oggi è abbondante, disponibile e gustosissimo e continua ad attrarre. Gli uomini, e soprattutto le donne, si ritrovano così con un sistema nervoso e un apparato biologico costruiti apposta per desiderare questo premio che è diventato ottenibile senza gravi rischi.

Ecco che allora, pian piano, i cacciatori di miele cominciano a uscire dalla clandestinità. In passato erano bracconieri che agivano nell'ombra. Oggi avvicinarsi al miele, a certe condizioni, non è più un comportamento proibito. E l'aspetto puramente edonistico della sessualità può emergere, anche se permangono forti contraddizioni e persino spinte evolutive contrarie, come vedremo in seguito.

La repressione sessuale del passato, del resto, non era dovuta solo a una morale più rigida e a un'educazione religiosa più stringente: anche le leggi dello Stato erano estremamente punitive. Ancora nell'ultimo dopoguerra era vietato baciarsi nei giardini pubblici, le riviste che mostravano donne a seno nudo (persino la *Maya* di Goya) venivano sequestrate, l'adulterio della donna era addirittura considerato un reato *penale*. Pochi forse lo ricordano, ma la famosa "Dama bianca" che abbandonò il marito per andare a convivere con Fausto Coppi fu arrestata e *imprigionata*, dopo un'irruzione notturna dei carabinieri nella villa del campionissimo del ciclismo, dove venne constatato che il letto matrimoniale "era ancora caldo"...

Sono storie, tutto sommato, abbastanza recenti. E non stupisce che ancora oggi, in società meno sviluppate, sia vietato convivere alle coppie non sposate. Riferiscono, per esempio, le cronache che il governo locale dell'isola di Batam, in Indonesia, ha deciso di scovare le coppie conviventi, multarle pesantemente e obbligarle a separarsi oppure a sposarsi, dal momento che un tale concubinaggio rappresenta uno scandalo pubblico non tollerabile. Anche da noi, del resto, fino a tempi non molto lontani, il "concubinaggio" dava scandalo.

Un'antica tradizione voleva che una ragazza arrivasse vergine al matrimonio. Se aveva avuto rapporti sessuali prematrimoniali era considerata una poco di buono, che difficilmente avrebbe potuto diventare una moglie fedele e sottomessa, come era nelle regole.

Va anche detto che questa morale formale nascondeva spesso una violenza che il più delle volte rimaneva impunita. Basta leggere i risultati di un'inchiesta parlamentare di fine Ottocento sulla condizione dei contadini in Italia per rimanere inorriditi da quello che avveniva nel chiuso di queste società patriarcali: incesti, stupri, uxoricidi. E non è che le cose andassero meglio in città, soprattutto nei quartieri più degradati. Il sesso, tra l'altro, era più rozzo e puzzolente, in una società in cui non ci si lavava, dove spesso si dormiva tutti in una stessa stanza e dove gli aspetti poetici dell'amplesso erano riservati a una minoranza.

Oggi le ragazze che vanno all'università, e che magari vivono in un campus, è come se abitassero su un altro pianeta. Sono loro a decidere se fare sesso oppure no, e con chi. Anche se sopravvivono pudori e reticenze nel dichiararlo apertamente. Esiste in proposito una interessante ricerca realizzata alla Ohio University, negli Stati Uniti.

Quanti partner?

Questa ricerca, condotta dalla dottoressa Terri Fisher, si prefiggeva di indagare sulla sincerità delle donne che nei sondaggi rispondevano alle domande sul comportamento sessuale. Anche perché solitamente questi sondaggi sono basati su interviste faccia a faccia con i partecipanti. E questo può influenzare le risposte dell'intervistata.

La Fisher ha allora preparato una ricerca destinata a verificare la veridicità delle risposte. Lo studio ha coinvolto 201 studenti (96 uomini e 105 donne), di età compresa tra i 18 e i 25 anni.

I partecipanti erano stati suddivisi in tre gruppi. Il primo doveva riempire un questionario mentre era collegato alla cosiddetta "macchina della verità" (presentata come uno strumento sensibilissimo nello scoprire le bugie, persino nelle risposte scritte, ma che in realtà non funzionava). Il secondo gruppo doveva riempire il questionario in modo completamente anonimo. A un terzo gruppo fu invece detto che i ricercatori avrebbero potuto identificarli attraverso le loro risposte.

Il risultato è stato che le ragazze di quest'ultimo gruppo segnalarono di aver avuto una media di 2,6 partner sessuali; quelle che avevano compilato il questionario in modo anonimo ne dichiararono invece una media di 3,4; mentre le ragazze che erano state sottoposte al controllo del poligrafo ne dichiararono una media di 4,4.

Le risposte degli uomini invece non variarono in modo così significativo, oscillando fra 3,7 e 4,0.

Secondo la dottoressa Fisher, ciò significherebbe che il comportamento sessuale di uomini e donne potrebbe non essere così diverso, come indicato da precedenti sondaggi, e che le risposte sarebbero influenzate dall'immagine di sé che le partecipanti vogliono dare all'intervistatore. Attenzione, però.

Questi dati si riferiscono a ragazze di un "pianeta" molto particolare: vivono da sole, in un ambiente dove le relazioni sono più facili, in un Paese dove i rapporti sessuali pre-matrimoniali sono più tollerati, in un contesto dove anche le condizioni logistiche per "operare" sono più disponibili.

Altrove le cose non vanno allo stesso modo: in altri contesti, in altre culture, in altri Paesi, in altre generazioni.

Basta guardarsi intorno per rendersi conto che timori, abitudini e anche valori resistono al cambiamento: il cinema, la televisione, la letteratura, l'informazione offrono modelli che in realtà non corrispondono al vivere quotidiano, al modo di essere della gente. Certamente la tendenza al cambiamento c'è (basta confrontarsi con il passato per rendersene conto), ma ciò che è vero in un particolare contesto non lo è più in un altro. Del resto, spesso non si tratta di riluttanza all'adattamento, ma di scelte legate ai valori nei quali si è cresciuti e nei quali si continua a credere. Sia pure con qualche occasione in più per trasgredire.

Biologicamente, tutti hanno un cervello e un apparato genitale orientato alla sessualità, ma l'educazione, le tradizioni e le pressioni ambientali portano a situazioni molto diverse. Quello che stiamo vivendo è un momento di forte accelerazione del cambiamento, in cui la dissociazione del sesso dalla procreazione è molto forte rispetto al passato, grazie anche all'efficacia dei contraccettivi, ma continuano a esistere e a mantenersi vive tradizioni culturali che hanno radici profonde.

Questa accelerazione del cambiamento la si vede forse ancor più in Paesi in rapidissima trasformazione, come la Cina, dove accanto alle classi emergenti delle grandi città coesistono società contadine arcaiche. Anche qui sono stati realizzati dei sondaggi, con risultati sorprendenti.

Il sesso in Cina

Nel 2004 il professor Ma Xiaonian, del Policlinico Universitario di Pechino, ha messo su Internet un questionario al quale hanno risposto circa 400.000 donne cinesi. È evidente che si tratta di una tipologia molto particolare: sono donne che usano il computer e che quindi appartengono a un modello "avanzato" della popolazione femminile. Anzi, probabilmente sono donne che tengono molto alla loro emancipazione e al ruolo che stanno conquistando in una società in cui fino a tempi recenti non contavano nulla (con la legge del figlio unico, spesso venivano addirittura ammazzate appena nate).

Ebbene i risultati sono sorprendenti: quasi la metà di queste donne sono single, ma il 75 per cento di loro dichiara di avere rapporti sessuali. Tra le donne sposate, oltre il 30 per cento ammette di aver avuto relazioni extraconiugali, e l'8 per cento di averne avuto più di una. Secondo questo sondaggio, quasi tre quarti delle donne afferma di praticare regolarmente la masturbazione e di raggiungere l'orgasmo (anche più volte) nei rapporti con il partner.

Naturalmente, si tratta di dati che vanno presi con le pinze, non solo perché riguardano una minoranza emancipata (quella che usa Internet), ma anche perché comporta un'autoselezione da parte di donne (di età media intorno ai 30 anni, in grandissima parte laureate) che sono motivate a parlare della propria sessualità e forse anche a esibire una loro "liberazione".

Un'altra indagine, infatti, realizzata quattro anni prima dal professor Pan Suiming, dell'Università Renmin, ha sondato anche la provincia profonda e le zone rurali. E qui i dati cambiano completamente, come riferisce Federico Rampini nel suo libro *Il secolo cinese* (Mondadori, 2004), dove mette a confronto le due diverse realtà.

Da questa indagine emerge che "molte donne non sanno

cosa sia un orgasmo e cercano di respingere le avance dei mariti a letto". Quasi un terzo di queste coppie, dice sempre l'indagine, ha rapporti sessuali meno di una volta al mese.

Come dicevamo, ciò non significa, né in Cina né altrove, che l'emancipazione femminile porti automaticamente alla libertà sessuale: abbondano anche da noi gli esempi contrari di donne evolute e indipendenti che la pensano in modo completamente diverso e che tengono ai propri valori "tradizionali". Come spesso succede, si tratta di una realtà sommersa che fa meno notizia, che non appare sulle copertine o nelle cronache, ma che costituisce un fenomeno importante, tanto più diffuso quanto più si sale nelle fasce d'età.

Detto questo, è sotto gli occhi di tutti che sono cadute molte barriere nel comportamento sessuale e che ciò sta avendo notevoli conseguenze, in quanto crea un ventaglio di comportamenti assai più ampio.

A questo punto è però importante precisare un aspetto fondamentale, ben conosciuto soprattutto dalle donne (e sul quale avremo modo di tornare in seguito): la differenza tra desiderio sessuale maschile e femminile.

V
Sesso e/o amore

Visto da lei, visto da lui

Finora abbiamo parlato della dissociazione tra sesso e procreazione. Ma c'è un altro tipo di dissociazione, molto antica: quella tra sesso e amore. L'uomo può fare sesso con una donna che non ama, che non conosce neppure (per esempio una prostituta); di solito la donna, invece, ha bisogno di "qualcos'altro". Ha bisogno di amore, o perlomeno di un'attrazione che coinvolga non solo il piacere fisico, ma il piacere di stare insieme.

Naturalmente ci sono eccezioni, in un senso e nell'altro. Ma di norma l'uomo, detta in termini crudi, è portato alla "sveltina", la donna no. Questo è dovuto con ogni probabilità a un insieme di ragioni, biologiche e psicologiche, che sono ben radicate nel comportamento sia maschile sia femminile: la donna, infatti, concedendo i propri organi genitali e riproduttivi, si è sempre esposta a conseguenze molto importanti, come per esempio una possibile gravidanza, e non solo. Quindi doveva selezionare il partner, scartando coloro che desideravano essere solo di passaggio sul suo corpo, scegliendo invece chi le offriva un legame più duraturo, basato perciò sui sentimenti.

L'efficacia dei contraccettivi ha certamente creato oggi le condizioni per un comportamento più "maschile" da parte della donna: ma questo può valere per certe donne e non per altre. C'è da chiedersi se, al di là degli antichi condizionamenti ambientali, non esistano proprio nel cervello femminile delle reti neuronali, selezionate dall'evoluzione, che collegano la sua sessualità all'innamoramento: dei circuiti automatici di "salvaguardia" che la tengono al riparo dai rapporti a rischio con maschi del tipo "mordi e fuggi".

Per il maschio invece è il contrario. Il suo piacere sessuale, infatti, non comporta rischi di gravidanza, anzi risponde a un primordiale interesse "genetico" di spargere il più possibile il suo seme, per riprodursi il più possibile (è il modello della poligamia, o dell'harem, praticato in natura da gran parte dei mammiferi). E che corrisponde, proprio per questo, a un sentimento di autoaffermazione, a un compiacimento da maschio dominante, da "conquistatore", di cui ci si può vantare con gli amici, suscitando ammirazione.

Per raggiungere il proprio piacere certi uomini sanno che debbono dare (o fingere di dare) amore, attraverso il corteggiamento. Dice il proverbio: "Gli uomini danno amore per avere sesso, le donne danno sesso per avere amore". Questa "asimmetria" è stata all'origine, specialmente in passato, di tanti drammi, di tanti "cedimenti" che si sono conclusi con l'abbandono. Le donne sanno bene che il più delle volte "agli uomini interessa solo quella cosa là" e, se non altro, oggi sono in grado di evitare le conseguenze più gravi (gravidanze non desiderate e perdita della reputazione, che in passato potevano sfociare in vere e proprie tragedie).

Forse qui si scorge il vero ruolo dell'innamoramento: il maschio innamorato, infatti, si comporta in modo del tutto diverso dal cliché "mordi e fuggi". Non fugge, non finge, sta con la sua amata in modo stabile e monogamico. Non tradisce, perché ha la mente piena di lei, non può pensare a un'altra.

L'innamoramento, in un certo senso, è l'antidoto alla vocazione poligamica dell'uomo: perché porta a un rapporto stabile, esclusivo. Proprio quel tipo di rapporto che è necessario per un progetto riproduttivo, vale a dire una monogamia diretta alla procreazione e alle cure parentali. Visto in questa chiave appare ancor più evidente il ruolo evolutivo dell'innamoramento. Riprenderemo il discorso più avanti.

Per concludere questa parte, ancora due parole sugli ormoni.

Il ruolo degli ormoni

Va detto che gli ormoni sessuali non agiscono in modo indipendente, ma sono strettamente correlati al sistema nervoso. E insieme formano un sistema integrato che influenza le risposte emotive, fisiologiche e comportamentali: un disturbo in una sola parte del sistema può creare una disfunzione nel ciclo sessuale.

Nell'uomo e nella donna sono presenti sia gli androgeni (tipicamente maschili) sia gli estrogeni (tipicamente femminili). Varia il cocktail, ma non è solo questo loro diverso dosaggio a creare caratteri più femminilizzanti o più mascolinizzanti. Il testosterone, che dà la "colorazione" all'uomo (barba, voce, virilità), è prodotto nel maschio in concentrazioni dieci volte maggiori che nella femmina. Ma la donna è molto più sensibile del maschio al testosterone: sono sufficienti dosi assai inferiori per stimolare il suo desiderio.

In esperimenti condotti su animali, si è osservato che iniettando del testosterone si aumenta l'aggressività. Per esempio, se lo si somministra a scimmie di basso rango si modifica il loro comportamento: diventano più aggressive e avanzano nella gerarchia. Si è anche visto che alcune bambine affette da problemi alle ghiandole surrenali, che causavano una maggiore produzione di testosterone, mostravano un comportamento più maschile nel gioco e nella scelta dei giocattoli.

Circa il ruolo degli ormoni nella sessualità, le cose sono abbastanza chiare per quanto riguarda il desiderio: gli ormoni androgeni sono necessari per l'appetito sessuale in entrambi i sessi. Quanto testosterone sia necessario per ottenere il massimo effetto sessuale varia da individuo a individuo. Gli androgeni, quindi, possono essere utili per curare la perdita di desiderio sessuale negli uomini, ma non per curare i problemi dell'erezione, che dipendono da un altro meccanismo. Nelle donne, invece, le cose sono molto meno chiare. A parte il ruolo degli estrogeni nel mantenere lubrificati i tessuti della vagina (ruolo importante dopo la menopausa), varie osservazioni indicano comunque che gli ormoni androgeni modulano il funzionamento anche di ovaie, utero, vagina, clitoride e ghiandole mammarie. Questo porta a concludere che gli androgeni probabilmente svolgono un ruolo importante anche nell'eccitazione sessuale femminile.

In proposito si è scoperto che uno dei più potenti stimoli alla produzione di testosterone è proprio... il sesso. Gli studi del professor Emmanuele A. Jannini dimostrano infatti che più sesso si fa, più testosterone viene prodotto. Al contrario, nei momenti di astinenza i livelli di questo "ormone del desiderio" calano.

Il corpo, in un certo senso, segue la legge della domanda e dell'offerta: se l'attività sessuale è frequente, il corpo risponde producendo più testosterone, mentre quando c'è astinenza non avrebbe senso produrre un ormone che serve proprio a stimolare il desiderio. Queste stesse ricerche hanno però dimostrato che sono sufficienti tre mesi di attività sessuale regolare perché l'ormone risalga a livelli normali. In sostanza, più si fa l'amore, più il cervello ordina a testicoli e ovaie di alzare il livello di testosterone. Secondo il detto popolare: fare l'amore fa bene all'amore.

Ormoni e menopausa

Durante la menopausa, come si sa, la donna attraversa un periodo a volte difficile, legato a fattori esistenziali ma anche alla drastica riduzione della produzione di ormoni sessuali, con varie conseguenze, sia fisiche sia psicologiche. Degli studi mostrano che la somministrazione di estrogeni dopo la menopausa allevia i sintomi di depressione, che spesso emergono in questa fase, oltre a mantenere lubrificati i tessuti genitali. Tuttavia, sembra essere il testosterone l'ormone adatto a mantenere vivo il desiderio sessuale non solo negli uomini, ma anche nelle donne.

In quale misura, però, la menopausa debba essere considerata la vera causa dei disturbi nel comportamento sessuale è una questione ancora dibattuta, per via dell'importanza rilevante che hanno i fattori psicologici, sociali e culturali. La nostra vita sessuale, dicono autorevoli studiosi della menopausa, non è soltanto una fluttuazione di ormoni. Ansia, depressione, stress cronici, conflitti e delusioni affettive, problemi del partner, tutto può contribuire a ridurre l'attività sessuale nel periodo postmenopausa. E quindi, se l'origine del disturbo non è solo biologica, ma riguarda anche problemi dell'esistenza quotidiana, sono entrambi questi aspetti che vanno tenuti presenti nelle cure.

Ci sono poi le situazioni patologiche, vere e proprie disfunzioni causate da malattie croniche, come un'insufficienza vascolare dovuta all'arteriosclerosi, o disturbi neurologici, magari causati dal diabete.

Secondo un dato recente pubblicato dal "Journal of the American Medical Association", il 43 per cento delle donne americane soffre, o ha sofferto, di qualche tipo di disfunzione sessuale. Ma mentre i problemi del maschio sono spesso messi in evidenza (in particolare dopo l'introduzione del Viagra), quelli femminili rimangono abbastanza nell'ombra.

Il Viagra

A proposito del Viagra, anni di uso generalizzato hanno mostrato che questa "pillola blu" è efficiente e sicura. Il suo meccanismo, come è noto, consiste nel permettere un maggior flusso di sangue nelle arterie che alimentano il pene. Il pene non è un muscolo ma una specie di spugna: l'erezione è dovuta all'afflusso massiccio di sangue nel suo "corpo cavernoso", che provoca l'inturgidimento. Se ci sono problemi circolatori, il Viagra facilita l'afflusso di sangue, agendo su certi meccanismi di inibizione e consentendo così il ritorno a una provvisoria "normalità".

A questo proposito c'è un fatto sorprendente: i disturbi dell'erezione, che molti individui conoscono, non esistono nel mondo animale. Come mai? Perché noi siamo gli unici a non possedere l'osso penico!...

Praticamente tutti i mammiferi, infatti, dai cani ai cavalli, dai gatti ai tori, oltre al corpo cavernoso, hanno un osso o una cartilagine all'interno del pene (quello della balena è lungo addirittura 7 metri...). Non solo, ma dispongono di muscoli per "alzare" il loro pene, così come si alza un dito o un braccio. È evidente che con un organo così "truccato" l'erezione è assicurata. L'uomo, invece, non ha né osso né muscoli: la sua erezione è assicurata solo dal buon funzionamento dell'irrorazione del corpo cavernoso.

E si è visto che l'erezione non funziona proprio in presenza di problemi di salute (diabete, disturbi ormonali, vascolari o neurologici). Si calcola che ciò si verifichi nell'80-90 per cento dei casi: contrariamente a quanto si pensava in passato, solo in una minoranza di casi le cause sono di tipo psicologico. Anzi, i problemi di erezione sono proprio un sintomo preciso che qualcosa non va in qualche parte del corpo. Sono, in particolare, un segnale di seri problemi circolatori che potrebbero manifestarsi nell'arco di una decina d'anni.

Oggi, nel mondo, gli utilizzatori del Viagra sono parecchi milioni e talune ricerche condotte su larga scala sembrano indicare che, oltre a migliorare in modo decisivo l'erezione, questo farmaco riduca sensibilmente le probabilità di infarto e di ictus. In origine, infatti, il Viagra era nato come un farmaco contro l'ipertensione ed è quindi particolarmente indicato per persone con problemi di pressione alta. Ma sempre sotto attento controllo medico.

Qualcuno ha cercato di capire anche quali sono le conseguenze del Viagra non solo sull'erezione, ma sulla coppia. Estremamente positive, nella stragrande maggioranza dei casi. Solo di rado, in coppie avanti con gli anni, qualche moglie, ormai abituata alla pace dei sensi, di fronte alla ripresa dell'attività sessuale del marito non si è dimostrata felice di questo "ritorno di fiamma"... Del resto gli anni erano passati anche per lei, con le relative modifiche ormonali, in particolare la secchezza delle mucose della vagina, che provocano durante il rapporto sensazioni di bruciore e di dolore, ben diverse dai piaceri *d'antan*.

Come diminuire la virilità...

Esistono anche sostanze che hanno l'effetto opposto del Viagra: cioè sostanze che diminuiscono le prestazioni sessuali. Per esempio, l'alcol e il fumo.

L'alcol, in dosi moderate, offre un vantaggio psicologico, perché crea quello stato di leggera euforia che disinibisce e stimola la fantasia. Ma, dal punto di vista fisiologico, rende più difficile l'eccitazione, sia nell'uomo sia nella donna, perché richiama il sangue altrove. Se poi si supera una certa soglia, l'alcol inibisce l'erezione e la capacità di provare piacere. Nei casi di alcolismo subentrano addirittura danni ai vasi sanguigni, ai nervi e al sistema ormonale. Fino ad arrivare all'impotenza.

Neppure il fumo favorisce l'attività sessuale ed è diventata famosa quella vignetta in cui un fumatore viene rappresentato con una sigaretta piegata significativamente all'ingiù...

Anche le droghe, come marijuana, cocaina, anfetamina ecc., possono compromettere l'attività sessuale. Le anfetamine possono inizialmente stimolare il desiderio, ma alla lunga provocare disfunzioni sessuali.

Anche certi farmaci interferiscono con l'attività sessuale. Per esempio, alcuni di quelli che curano l'ipertensione (i cosiddetti beta-bloccanti), oppure la depressione, l'ansia, l'insonnia. Spesso i medici tendono a non sottolineare troppo gli effetti "collaterali" di certi farmaci, per timore che i pazienti siano riluttanti a seguire le cure.

Infine, possono interferire con la sessualità le dimensioni eccessive del pene. Sin dall'antichità le dimensioni extralarge sono state considerate un simbolo di grande virilità, suscitando qualche complesso nella popolazione "normale". Anche oggi gran parte degli uomini si interroga sulla propria prestanza. I sessuologi spiegano che non soltanto gli uomini superdotati non sono più virili, ma che anzi dimensioni eccessive possono rendere il rapporto doloroso, provocando nella donna una contrazione e rendendolo quindi poco piacevole, da ogni punto di vista (anche psicologico). Esistono casi di matrimoni praticamente non consumati proprio a causa di questa situazione.

Per definire la "normalità", e rassicurare i più ansiosi, i medici specialisti spiegano che le statistiche situano il 90 per cento degli uomini in un arco compreso tra i 12 e i 17 centimetri, misurati nel momento di massimo splendore (con medie infe-

riori in Asia e superiori in Africa). Le taglie extralarge ed extrasmall sono una piccola minoranza.
Il mito dei superdotati, dicono, va sfatato. I superdotati non sono più maschi, e neppure più richiesti. Quello che conta, molto di più, è l'esperienza e il coinvolgimento.

La frequenza dei rapporti

Un'ultima considerazione riguarda la frequenza dei rapporti sessuali. Periodicamente vengono pubblicati sondaggi, più o meno attendibili, sulla cadenza dei rapporti di coppia, con dati spesso molto diversi, frutto probabilmente della scarsa attendibilità di ricerche del genere, in cui gli interpellati tendono a non essere sinceri.

Detto questo, è evidente che i ritmi possono essere molto diversi, per una serie di ragioni: le predisposizioni individuali, sia di lui sia di lei, l'atteggiamento verso il sesso, il tipo di rapporto che esiste, l'età. Ma anche le situazioni esistenziali: c'è chi ha bambini piccoli che si svegliano e corrono per casa, chi svolge un lavoro stancante, chi deve alzarsi presto, chi coabita con i genitori, chi ha preoccupazioni di varia natura ("il sesso non vuole pensieri") e così via. La vita quotidiana è qualcosa di ben diverso da una vacanza su una spiaggia solitaria dei Caraibi: forse bisognerebbe fare dei sondaggi lì, per avere delle risposte più attendibili sulle frequenze "ottimali"...

Su una cosa, però, gli esperti concordano: fare l'amore in modo equilibrato, in sintonia con il proprio modo di essere, fa bene alla salute. Non sembra avere controindicazioni per il cuore, tranne nei casi valutati dal medico, ed è benefico dal punto di vista sia fisico sia psicologico (oltre che mantenere alto il livello del testosterone, come si diceva poco fa, cioè dell'"ormone del desiderio"). Secondo alcuni studiosi, poi, fare l'amore rafforza le difese immunitarie, diminuisce i rischi di malattie e allunga la vita. Ma è vero anche l'inverso: quanto più si gode di buona salute, tanto maggiore sarà la propensione a fare sesso.

Al di là della frequenza e dei benefici per la salute, quello che è importante è il ruolo di collante che la sessualità può avere nella coppia, per creare e mantenere un rapporto intenso, dove non contano i record ma il fatto di star bene insieme.

Quella piccola differenza...

Vale la pena di tornare ora a quella "piccola differenza" tra uomo e donna, che crea così grandi conseguenze nel comportamento e nella vita: cioè il diverso apparato genitale.

L'uomo è costruito in modo da potersi riprodurre a volontà e in continuazione. La sua sessualità "preme" fortemente, al punto che nell'età di maggiore esuberanza, negli anni che seguono la pubertà, se questa pressione non viene soddisfatta dall'attività sessuale o dall'autoerotismo, si verificano le cosiddette "polluzioni notturne", cioè orgasmi spontanei durante il sonno. In teoria, nel corso della sua vita, un uomo potrebbe generare centinaia, o persino migliaia di figli, con donne diverse. Provando ogni volta piacere e senza conseguenze per il suo corpo.

La donna invece è costruita in modo da generare solo pochi figli, quelli che lei stessa "fabbrica", partorendoli con dolore e sottoponendo il suo corpo a forte usura e a rischi anche mortali.

L'uomo, in altre parole, possiede un annaffiatoio che gli permette in teoria di spargere ovunque il suo seme (è la cosiddetta "panspermia"), procreando una discendenza non solo numerosa ma geneticamente varia, proprio quanto di meglio richiesto dall'evoluzione. Il modello dell'harem, sempre in teoria, sarebbe quindi per lui il più conveniente. Ed è infatti proprio questo modello che è stato adottato in passato da re, faraoni, imperatori, capi tribù e da tutti coloro che possedevano il potere, a volte addirittura con decine o centinaia di mogli e concubine (ancora oggi l'harem è in voga presso certi sultani).

È un modello gratificante dal punto di vista del sesso, del potere, dell'autoaffermazione, oltre che uno strumento per replicarsi a piacimento. Non per niente quasi tutti i mammiferi che vivono in gruppo posseggono appunto degli harem: un maschio dominante, attraverso scontri violenti, conquista il territorio, tiene sotto controllo tutte le femmine ed è il solo a fecondarle (anche se poi, in pratica, le cose non vanno sempre così). Oggi nel mondo molte società umane consentono formalmente la poligamia (nell'islam, come è noto, è consentito avere quattro mogli, anche se in realtà le cose sono un po' più complicate).

L'uomo è quindi strutturalmente dotato di una sessualità multipla, per così dire, ed è in teoria più portato ad avere incontri con donne diverse, perché ogni volta può ricominciare da capo, senza correre il rischio di diventare "gravido". Ma per la donna le cose vanno in modo diverso, se si guardano le cose sempre dal punto di vista evolutivo.

La donna è strutturalmente modellata per far nascere dentro di sé i figli, è lei che porta avanti le gravidanze. Per questo deve essere molto attenta nel selezionare il maschio al quale aprirà la sua preziosa cripta: non ha alcun interesse ad avere solo degli annaffiatoi di passaggio.

Alla donna, infatti, basta un solo uomo per generare tutti i figli che è in grado di procreare. Non soltanto, ma è suo interesse che quell'uomo le rimanga accanto, in modo che la aiuti nell'allevamento della prole. Quindi per lei il modello monogamico è, in teoria, il più conveniente.

Tuttavia, anche per il maschio la monogamia rappresenta un modello molto appetibile. Infatti attraverso l'innamoramento, e poi l'attaccamento, può costruire con una donna un rapporto d'amore intenso e stabile, che permette di realizzare qualcosa di molto importante: un nucleo familiare. Cioè una grande impresa in cui amore, affetto, solidarietà e allevamento dei figli rappresentano, con tutto il loro contorno di gioie e anche di sofferenze, uno straordinario percorso di vita.

L'uomo si trova perciò di fronte a questa doppia dimensione, della poligamia e della monogamia, che coabitano nel suo cervello in "format" diversi, ognuna preferibile all'altra a seconda delle situazioni (e spesso a seconda dei momenti). Non esiste un altro mammifero, in natura, che viva questa duplice dimensione.

L'harem

La poligamia (che sarebbe più corretto chiamare poliginia, cioè un maschio con molte femmine) è un modello antichissimo, che si è mescolato spesso con la monogamia.

Del resto questo "modello" era ricorrente in gran parte delle società del passato. Per esempio nell'antichità classica, greca o romana, gli uomini sposavano una sola donna, cioè erano monogami, ma i più ricchi possedevano varie schiave che costituivano, di fatto, un vero e proprio harem.

L'idea dell'harem ha sempre stimolato la fantasia degli uomini, risvegliando il loro primordiale istinto di panspermia. L'idea di poter disporre di donne giovani e belle, subito pronte all'attività sessuale, senza dover passare per lunghi e problematici corteggiamenti, era qualcosa di molto eccitante. Per questo gli harem dei sultani erano visti come i luoghi del supremo piacere, invidiatissimi e avvolti in un alone di leggenda.

Chi visita oggi il museo del Topkapi, a Istanbul, che un tempo era la reggia dell'impero ottomano, rimane colpito dalla grande ricchezza dei sultani e anche dalle dimensioni dei loro harem. Nel periodo di massimo splendore, intorno al Seicento, questi harem erano delle piccole città, con centinaia di donne inquadrate in gerarchie ben precise. C'era per esempio una differenza tra schiave, concubine e favorite. Le odalische erano quelle al livello più basso e spesso non erano donne di grande bellezza. Ma quelle belle venivano educate a cantare, suonare, ballare, recitare e a imparare le raffinatezze del sesso. C'erano anche donne che non avrebbero mai visto il sultano, altre ancora destinate a servizi di tipo domestico. La nascita di un figlio maschio cambiava lo status di una concubina che poteva diventare una favorita, con un rango molto elevato, e possedere un appartamento, con schiave ed eunuchi.

Gli eunuchi erano tantissimi ed erano suddivisi in varie categorie. In genere erano prigionieri di guerra oppure schiavi, castrati prima della pubertà e destinati a servire fedelmente il sultano. C'erano eunuchi bianchi, che provenivano dalle zone caucasiche e dai territori occupati dell'Ungheria, dei Balcani e della Germania. E c'erano gli eunuchi neri, catturati lungo le rive del Nilo, in Egitto, in Sudan e anche in Etiopia. L'islam proibiva la pratica della castrazione che veniva eseguita da egiziani, cristiani o ebrei.

La castrazione era di tre tipi: quella classica, con il taglio dei testicoli; quella in cui solo il pene veniva tagliato; e quella totale, riservata soprattutto ai neri, in cui veniva asportato tutto. La ferita veniva cauterizzata con olio bollente. Di solito, prima della pubertà, si sopravviveva a questa orrenda mutilazione. Solo quelli che subivano l'emasculazione totale potevano essere impiegati direttamente all'interno dell'harem, mentre gli altri erano addetti a servizi esterni.

Questi harem erano insomma delle organizzazioni complesse, nella cui gestione entravano anche la madre e le figlie del sultano. Diventavano a volte dei centri di potere, con figli legittimi e illegittimi in competizione tra loro, e lotte intestine.

Oggi i grandi harem sono scomparsi, anche se ne esistono ancora di più piccoli nella Penisola arabica. Ricordo che negli anni Sessanta, arrivato in un minuscolo emirato dello Yemen del Sud, incontrai il sultano e il figlio emiro nel loro antico palazzo. A un certo punto chiesi di salire sul terrazzo per fare delle riprese e dovetti aspettare a lungo, perché bisognava attraversare una zona in cui vivevano delle donne in isolamento. E vidi una fila di porte che si chiudevano con il catenaccio dall'esterno. Pochi giorni dopo sultano ed emiro vennero deposti da una rivoluzione che era in corso.

Va detto che la poligamia praticata oggi nei Paesi musulmani è limitata di fatto a una piccola minoranza della popolazione, riguarda cioè solo coloro che possono permettersi di mantenere più mogli (fino a quattro). In Africa ben venticinque Paesi autorizzano la poligamia. Spesso non si tratta soltanto di generare più figli, utili per la vecchiaia, ma anche di far lavorare queste mogli supplementari e aumentare così il reddito.

In Europa la poligamia non è consentita, tranne che in Gran Bretagna, dove non è considerata un reato se praticata da persone appartenenti a una religione che lo consenta. Negli Stati Uniti, curiosamente, esiste una popolazione che pratica la poligamia: è quella dei mormoni, concentrata nello Stato dello Utah. Ma anche in Italia, di fatto, esiste la poligamia, tra gli immigrati di religione musulmana. Una sentenza del tribunale di Bologna del 2003 ha assolto un immigrato dall'accusa di poligamia, in quanto essa non può essere considerata un reato se i matrimoni sono stati legittimamente celebrati, in precedenza, all'estero e non sul territorio nazionale. In proposito qualcuno ha calcolato che l'1,5 per cento dei musulmani residenti in Italia sono poligami, vale a dire circa 15.000 persone.

Se la poligamia è ancora molto presente nei Paesi musulmani, cominciano a manifestarsi però anche segnali di intolleranza da parte dei giovani. A Teheran, qualche anno fa, ha sollevato forti contestazioni un film iraniano in cui si raccontava la storia di un marito che prendeva una seconda moglie per avere un figlio. In Iran la poligamia non è mai stata accettata ed è attualmente uno degli obiettivi delle battaglie dei movimenti per i diritti delle donne.

Anche in altri Paesi la poligamia sta cominciando a conoscere delle difficoltà. È il caso dell'Algeria, dove una nuova legge rende molto più difficile questa pratica: per poter sposare una seconda moglie, infatti, occorre ora l'autorizzazione del giudice, che verifica il consenso sia della prima moglie sia della nuova sposa. Non solo, ma valuta anche le condizioni economiche dell'uomo, che deve essere in grado di offrire alle due donne un adeguato sostentamento.

I nuovi harem

Se la poligamia "istituzionale" è avviata probabilmente al declino (anche per le inammissibili situazioni che spesso comporta), essa continua a sopravvivere, come fantasia sessuale, nel cervello di molti uomini. Non più, naturalmente, sotto forma di possesso e schiavizzazione della donna, ma semplicemente come un libero paradiso del sesso.

Federico Fellini ha ben rappresentato questi sogni erotici maschili, come in quel famoso film in cui un personaggio, nella sua villa, festeggia con un'enorme torta la sua decimillesima fornicazione, mostrando ai visitatori una galleria di fotografie delle donne conquistate (munite di un bottoncino, premendo il quale si poteva sentire la registrazione di una sequenza sonora dell'amplesso).

Certi uomini con lo spirito del collezionista (e dotati di qualità adeguate) riescono effettivamente a crearsi dei propri harem virtuali, con una serie di donne disseminate in vari ambienti e varie città. Ma anche per chi non ha questa possibilità, il mercato mette a disposizione degli harem più accessibili: quelli della prostituzione.

Un tempo esistevano in Italia le famose "case chiuse" che simulavano proprio l'atmosfera dell'harem: luci soffuse, ragazze vestite di veli che sfilavano ancheggiando e lanciando occhiate provocanti. Il cliente veniva messo, in pratica, nelle condizioni del sultano: guardava le ragazze, sceglieva quella che più lo stimolava e con un semplice cenno si avviava con lei in camera da letto. E c'era una rotazione delle ragazze, che venivano cambiate ogni due o tre settimane, proprio per creare continue novità. Era l'harem dei poveri.

Oggi le case chiuse non esistono più, ma sono state abbondantemente rimpiazzate dalle case di appuntamenti e di "massaggi", con ampia scelta su cataloghi fotografici. Per prezzi ancora più popolari ci sono le odalische da strada, anch'esse vestite in abiti provocanti per essere scelte dai sultani-automobilisti di passaggio. E tutto ciò ha aperto un mercato di feroce sfruttamento.

Le indagini sociologiche dicono che gran parte dei clienti sono uomini sposati: dunque non persone sole, che magari non avrebbero altro modo di fare sesso, ma uomini che cercano soltanto l'emozione della diversità, della novità. Sesso senza amore, per il solo piacere dei sensi e del possesso di una femmina nuova.

Forse proprio qui appare molto evidente la spinta innata dell'uomo verso la poligamia, una spinta che non si ritrova invece nel comportamento femminile. Che sia solo una questione ambientale e culturale?

Certamente la condizione di sottomissione che la donna ha conosciuto attraverso i secoli e i millenni non le ha mai consentito di assumere il ruolo del "sultano", o semplicemente quello del Casanova. Ed esistono di certo donne che potrebbero entrare piacevolmente in questa particolare dimensione. Ma l'impressione è che, in generale, il comportamento femminile di fronte a una prostituzione maschile sarebbe diverso. Delle "case chiuse" maschili per signore avrebbero lo stesso successo?

Va detto, per completezza, che esistono rarissimi casi anche di poliandria (cioè una femmina sposata con diversi maschi): ma è una cosa molto diversa, dovuta all'estrema povertà. Si tratta di maschi, solitamente fratelli, che hanno in comune una sola moglie, non possedendo i mezzi per mantenere da soli una famiglia.

Negli ultimi anni, infine, la tecnologia ha aperto una nuova possibilità alle fantasie erotiche: quella dei video pornografici che portano a domicilio degli harem virtuali, in cui avviene veramente di tutto. Lo spettatore non può "entrare" fisicamente nel video e partecipare, ma riesce in una buona misura a immedesimarsi nelle situazioni. Il successo di questi video è trionfale: è uno dei maggiori business degli ultimi tempi.

Del resto, in futuro l'elettronica riuscirà forse veramente a far "entrare" lo spettatore nella scena per farlo partecipare direttamente agli incontri, grazie alle tecniche di realtà virtuale che creeranno l'illusione del contatto fisico. Chissà? Magari l'harem elettronico potrebbe essere così contenuto in una scatola da videogioco, nelle versioni più diverse. Per gli amanti del genere...

Lo stupro

C'è però un altro aspetto, molto meno divertente, di questa spinta dell'uomo ad avere rapporti sessuali plurimi: e qui non si tratta più di un gioco tra adulti consenzienti, ma di una violenza unilaterale. Che può partire dalle molestie e arrivare allo stupro.

Gli abusi sessuali degli uomini sulle donne sono diffusi ovunque nel mondo. Esistono statistiche delle Nazioni Unite, pubblicate in Italia dalla Commissione nazionale per la parità e le pari opportunità, statistiche comunque viziate dal fatto che le donne tendono a non denunciare le violenze di cui sono state vittime. I dati raccolti in vari Paesi dicono per esempio che in sei città asiatiche prese a campione, dall'1 al 3 per cento delle donne ha subito una violenza sessuale; in sei città africane dall'1 al 5 per cento; in 6 città sudamericane dall'1 all'8 per cento. Secondo l'indagine, solo un quarto dei tentativi di stupro e un terzo degli stupri vengono però denunciati alla polizia. Tra le ragioni di questo silenzio c'è la riluttanza a parlare dell'episodio, la paura di rappresaglie, il danno che può derivarne alla propria reputazione, la mancanza di fiducia nel sistema giudiziario.

Questa ricerca ha anche indicato che, per una vasta percentuale di donne, il primo rapporto non è stato consensuale. Per esempio, in un'indagine condotta tra donne dai 20 ai 22 anni in Nuova Zelanda, il 7 per cento ha riferito che il primo rapporto sessuale era stato forzato. Negli Stati Uniti questa percentuale è del 9 per cento.

Per quanto riguarda l'Italia ci sono dati rilevati dall'ISTAT dai quali risulta che il 4 per cento delle donne italiane ha subito uno stupro o un tentativo di stupro nel corso della vita. Secondo questi dati non risulta denunciato il 93 per cento dei tentativi di stupro e l'82 per cento degli stupri. Molto alta, in particolare, è la cosiddetta "violenza inattesa", cioè quella perpetrata da amici, fidanzati o ex fidanzati e conoscenti: essa rappresenta oltre il 54 per cento del totale delle violenze. Sono questi gli stupri meno denunciati. Ecco l'ordine degli stupratori: amici, 39 per cento; conoscenti, 30 per cento; fidanzati, 10 per cento. I luoghi in cui la violenza è avvenuta: casa di amici, 25 per cento; automobile, 17 per cento; casa propria, 11 per cento. Le vittime sono per la maggior parte ragazze e donne fino a 34 anni. E gli estranei? In questa indagine la media degli estranei è solo del 21 per cento (meno di conoscenti e amici), ma con notevoli differenze: nei centri metropolitani la percentuale sale quasi al 32 per cento.

Questa violenza dell'uomo sulla donna non si spiega solo con il desiderio di copulare: c'è anche una notevole componente psicologica di dominanza, di possesso. E c'è naturalmente una maggiore forza fisica che lo consente, accompagnata da un'aggressività legata, in parte, agli ormoni. Questo è stato verificato anche per altri mammiferi: esistono vari esperimenti fatti su roditori che indicano in modo chiaro come iniettando loro del testosterone (l'ormone tipicamente maschile) essi diventino più aggressivi e violenti, per esempio se vedono entrare altri animali nel loro territorio, o se debbono combattere per una femmina.

Esiste in proposito un dato interessante. Compiendo analisi sul livello ormonale di giovani innamorati, si è osservato che il testosterone cala nel maschio innamorato e aumenta nella femmina. Rimane da chiarire il significato di questa variazione, ma ciò sembra coerente con il fatto che un uomo innamorato diventa più dolce con la sua partner, meno aggressivo, e che entra in una situazione monogamica, in cui cala l'interesse per la ricerca di altre donne. Mentre per la femmina l'aumento della percentuale di testosterone potrebbe essere collegato a un aumento del desiderio sessuale.

Al di là di questi piccoli indizi, rimane il fatto che, come dicevamo, nel cervello dell'uomo coabitano queste due dimensioni, della poligamia e della monogamia, che si esprimono diversamente a seconda delle circostanze e dei momenti. Quando è un "battitore libero", il maschio sente il richiamo dell'antica spinta a riprodursi, attratto dal miele della sessualità. È un cacciatore, come si dice. Ma quando nel suo cervello entra l'immagine di una persona particolare e scatta l'innamoramento, diventa monogamo. Pensa a lei tutto il giorno, cerca ogni occasione per vederla, parlarle, starle insieme. Non ha più la vocazione del "cacciatore di sensazioni" nomade ma quella di un "coltivatore di sentimenti" stanziale.

Riprenderemo in seguito il discorso sulla monogamia, ma è molto interessante, a questo punto, osservare un po' più da vicino quello che avviene in natura. Anche tra gli animali, infatti, si ritrovano modelli di comportamento di poligamia e monogamia che, in qualche modo, riecheggiano quelli della specie umana.

Naturalmente ogni specie è differente e gli etologi mettono in guardia contro paragoni e trasposizioni azzardate. Ma qualche linea di fondo comune appare abbastanza evidente.

VI
I modelli della natura

Due strategie generali

Va detto, anzitutto, che in natura esistono due strategie generali: fare molti figli e occuparsene poco (o per niente), oppure fare pochi figli e occuparsene molto.

Qualche esempio chiarisce subito la differenza. Come quello dei pesci, che solitamente producono una grande quantità di uova, le depositano e non se ne occupano più. Queste uova vanno in larga misura perse, mangiate da vari predatori, e i piccoli usciti dalle uova superstiti faranno anch'essi, in gran parte, una brutta fine. Alcuni però riusciranno a sopravvivere e in questo modo i genitori, senza alcuno sforzo per allevarli, nutrirli e proteggerli, si saranno assicurati una discendenza.

Un altro esempio di questo comportamento, tra i rettili, è quello della tartaruga marina. Lo abbiamo visto spesso in certi documentari: la tartaruga sbarca di notte su una spiaggia, scava faticosamente una buca nella sabbia, deposita decine e decine di uova, poi le ricopre e se ne va, senza più occuparsi della loro sorte. Quando le uova si schiuderanno, le piccole tartarughine usciranno dalla sabbia e cercheranno di correre verso il mare: ma in grandissima parte verranno divorate da uccelli predatori appostati lungo il percorso. Alcune, comunque, riusciranno ad arrivare all'acqua e affronteranno la loro personale avventura nell'oceano, pieno anch'esso di pericoli e di predatori. Alla fine qualche tartarughina sopravviverà e anche lei tornerà magari un giorno a depositare le sue uova, scavando nuovamente una buca nella sabbia.

Questa è dunque la strategia di primo tipo, che è stata la prima a comparire. L'altra strategia è quella invece di mettere al mondo pochi figli e occuparsene molto. (Una piccola riflessione al volo: anche nelle società umane sono esistite, e ancora esistono, queste due strategie. Nelle società pretecnologiche occorreva fare molti figli, perché in gran parte morivano prima di giungere all'età adulta, e le condizioni economiche non permettevano di dedicar loro molte risorse e molto tempo per educarli. Nelle società tecnologiche e ricche si fanno invece pochi figli, perché la mortalità è molto bassa, e si dedicano loro moltissime risorse per allevarli e farli studiare.)

All'interno di questa seconda strategia, esiste nel mondo animale una infinità di varianti, con comportamenti di poligamia e monogamia talmente diversificati da riempire interi volumi di etologia. È molto illuminante, in proposito, vedere come questi due modelli agiscono in natura.

Cominciamo dalla monogamia, che è la meno diffusa.

Imparare a duettare

Gli esempi più belli di monogamia, in natura, sono quelli offerti dagli uccelli. Anche perché spesso ricordano situazioni e comportamenti che conosciamo bene. Ci sono naturalmente anche tra gli uccelli esempi di poligamia, come quello, ben noto, del gallo con il suo harem di galline. Il modello monogamico, tuttavia, è quello più adottato tra gli uccelli, perché è più efficace per la sopravvivenza dei piccoli. Si è visto infatti che se un maschio feconda una femmina e poi se ne vola via, senza più tornare al nido, la metà dei piccoli muore, perché vengono a mancare loro la protezione e il rifornimento di cibo.

Ma allora un maschio non avrebbe interesse semplicemente a fecondare due femmine e poi disinteressarsi dei piccoli? Metà sopravvissuti da una parte, metà dall'altra, i conti tornerebbero senza doversi occupare di cure parentali... Questo lo solleverebbe dagli obblighi della monogamia. In realtà, le cose non sono così facili per il maschio. Perché, dal canto loro, le femmine hanno una serie di stratagemmi per evitare un comportamento del genere. Eccone qualcuno.

In molte specie, per accoppiarsi con una femmina il maschio deve impegnarsi parecchio. Per esempio, ci sono specie in cui deve prima costruire un nido e mostrarlo alla sua futura sposa. Se il nido non è soddisfacente, lei sceglie un altro partner.

In altri casi deve imparare a duettare. Questi duetti sono straordinari, perché il maschio deve riuscire a inserirsi con il suo cinguettio tra una sequenza e l'altra in modo tale da eseguire una "canzone" a due. Cosa che richiede tempo. Quindi, se il maschio decidesse, una volta raggiunto il sospirato accoppiamento, di volarsene via per fecondare un'altra femmina, dovrebbe ricominciare tutto da capo: costruire un altro nido, o imparare una nuova canzone. Nel frattempo, potrebbe essere stato preceduto da qualche altro concorrente, e rischierebbe di trovarsi fuori tempo massimo.

Ma ci sono stratagemmi ancora più semplici ed efficaci adottati dalle femmine di alcune specie: cioè il sincronismo del periodo fertile. In questo caso, diventano tutte fertili simultaneamente per un breve periodo. Se il maschio, una volta fecondata la sua femmina, andasse in cerca di un'altra uccellina da impalmare, si troverebbe anche qui fuori tempo massimo.

Tutto questo senza contare che ogni volta dovrebbe vedersela con altri maschi già accasati e pronti a difendere la loro posizione. Insomma, a conti fatti conviene accontentarsi di una sola femmina e cooperare nell'allevamento dei piccoli. Altrimenti, a voler troppo, si finisce per perdere tutto. Quindi: monogamia.

Il maschio dominante

Tra i mammiferi, invece, la monogamia è molto rara: solo il 3 per cento la pratica. Per esempio, tra i primati solo i gibboni vivono in coppie stabili e solitarie.

Nella poligamia, come si sa, è un maschio dominante, selezionato attraverso lotte e tornei, a fecondare il maggior numero di femmine e quindi ad assicurarsi il maggior numero di discendenti. Siccome però la natura fa bene le cose, non è solo il maschio dominante ad avvantaggiarsi della situazione, bensì l'intero gruppo. Perché?

Perché i piccoli che nascono ereditano al 50 per cento i geni di un padre che ha dimostrato di essere il più forte e sano: quindi, attraverso questa selezione, passano ogni volta alla generazione successiva i geni del "migliore". La varietà genetica, poi, è assicurata dal fatto che il restante 50 per cento dei geni è fornito dalle femmine dell'harem, tutte diverse. Non solo, ma siccome il maschio dominante non rimane tale in eterno, quando verrà scalzato da un giovane rampante il pool genetico si rinnoverà, garantendo così di nuovo un seme maschile appartenente a un maschio vincente.

Tenendo conto anche di questo aspetto della selezione genetica, si comprende facilmente perché la poligamia si sia affermata in natura: è chiaro che le lotte per la supremazia e per l'accoppiamento sono l'inconsapevole strumento per assicurare la salute genetica della discendenza. È come se l'intera catena degli eventi (l'eccitazione provocata dai feromoni femminili, i combattimenti tra maschi e tutto il resto) fosse teleguidata da un meccanismo invisibile che premia sempre e soltanto i comportamenti che assicurano nel modo migliore la continuazione della vita. E questi comportamenti, non importa quanto diversi, hanno lo scopo ultimo di far riprodurre coloro che si sono dimostrati più adatti.

Nel corso dell'evoluzione, infatti, sono scomparsi tutti gli individui, le specie e i modelli non adatti (o non più adatti) all'ambiente in cui vivevano, eliminati dal setaccio della selezione naturale.

In questa prospettiva va probabilmente vista anche la monogamia. La monogamia si afferma quando rappresenta la migliore soluzione possibile. Come per esempio nel caso della volpe. La volpe genera di norma cinque piccoli, che nascono ciechi e sordi, quindi molto vulnerabili, e deve allattarli senza interruzione. Per rimanere accanto a loro ha bisogno di qualcuno che la nutra. Questo fa sì che il maschio collabori e la assista per assicurare la sopravvivenza sua e dei piccoli. Poi, una volta svezzati, maschio e femmina si separano. L'anno seguente, il partner sarà magari diverso. E ricomincerà un'altra sequenza di vita di coppia. In attesa di una successiva separazione.

Ma non sempre la regola è quella della cooperazione. Esistono anche tipi di monogamia in cui il maschio non coopera: l'importante è che il "modello" funzioni e che si riveli adatto all'ambiente in cui si trova a operare. È il caso, per esempio, del leopardo. Maschio e femmina stanno insieme solo nel periodo della riproduzione, poi il maschio se ne va ed è la femmina, da sola, ad allevare i piccoli.

Insomma l'importante, per la sopravvivenza della specie, è generare figli e fare in modo che arrivino all'età riproduttiva. Quale che sia il modello.

I profumi del sesso

Ma come avvengono gli incontri in natura? C'è a questo punto un discorso assai interessante che riguarda i richiami usati dai mammiferi durante la stagione degli amori (e che ci porterà diritti a considerazioni molto intriganti sulla monogamia umana). Richiami sonori, visivi, ma soprattutto olfattivi.

È ben noto che quando una gattina o una cagnolina entrano in calore, i maschi arrivano correndo da ogni parte, attratti dal profumo irresistibile delle femmine che stanno ovulando. I proprietari di cani sanno che in quel momento è meglio non andare in giro con una femmina in calore, per evitare assembramenti e tentativi di accoppiamento estemporanei da parte di maschi eccitati da questi odori. Si tratta di odori caratteristici che viaggiano nell'aria e che vengono percepiti a distanza: sono quelle minuscole molecole di cui spesso si parla, i feromoni, che fanno scattare nei maschi l'eccitazione sessuale e provocano le lotte per il possesso delle femmine.

In un certo senso il meccanismo, pur essendo diverso, è analogo a quello della fame: le molecole odorose del cibo fanno accorrere gli animali che lottano per essere i primi a mangiare, o anche per tenere tutto per sé, cacciando via gli altri.

Nei documentari televisivi si vedono spesso i combattimenti tra maschi per la dominanza, quando arriva la stagione degli amori. Cervi che si prendono a cornate, montoni che si prendono a testate, elefanti marini che si scarnificano con le zanne, giraffe che lottano incrociando il lungo collo, elefanti che caricano gli avversari con tutta la loro mole, spingendoli via.

In certe specie, ai perdenti succede una cosa strana: calano gli ormoni sessuali e quindi diminuisce l'aggressività. In altri casi, invece, i perdenti vengono cacciati dal branco e tenuti in disparte. Sono quei giovani che ogni tanto tentano poi di rientrare sfidando il maschio dominante, con alterne vicende.

Tutto questo porta, nella stragrande maggioranza dei casi, a strutture sociali di tipo strettamente gerarchico, al cui vertice si trova l'individuo alfa che ha non soltanto la priorità nel pasto ma anche la priorità (in teoria l'esclusiva) dell'accoppiamento con le femmine del branco. Sono cose ben note, ormai, grazie ai molti splendidi filmati girati dai documentaristi.

Ma c'è un'eccezione, in questo panorama di odori e di segnali: ed è l'uomo. O meglio, la donna. Nella specie umana, quando una donna si trova nei giorni fertili dell'ovulazione (cioè in un periodo equivalente a quello del "calore" nei mammiferi) non crea ingorghi di maschi intorno a sé. In altre parole, la donna non manda in giro odori percepibili per segnalare che è nel periodo in cui può essere fecondata. Ha l'ovulazione nascosta, o l'"estro" nascosto, come si dice. Come mai?

Questo è un aspetto davvero intrigante, per le conseguenze che comporta. Va detto, anzitutto, che nella specie umana il ruolo degli odori per la sopravvivenza ha perso molta della sua importanza. Nel corso dell'evoluzione, la parte del cervello che intercetta e decodifica i segnali olfattivi si è enormemente ridotta a vantaggio di altre parti, divenute molto più utili. La sopravvivenza è stata garantita da altre qualità cerebrali, come l'intelligenza, che hanno largamente compensato la perdita della sensibilità olfattiva. Del resto anche tra gli animali ci sono notevoli differenze nella percezione degli odori: per esempio il babbuino è meno sensibile della cavia, la cavia meno del riccio ecc. Le farfalle notturne hanno invece una sensibilità incredibile: le loro antenne ramificate riescono a intercettare tracce infinitesimali di feromoni (sembra addirittura una sola molecola). Guidati dalla scia olfattiva, i maschi compiono il loro volo cieco nella notte verso la femmina che, in alcuni casi, si trova anche a due chilometri di distanza. Tenuto conto delle dimensioni, è come se un uomo riuscisse a percepire l'odore di una donna a quasi duecento chilometri di distanza...

Quindi oggi non sono più gli odori a guidare la specie umana nei suoi comportamenti di sopravvivenza, in particolare per quanto riguarda la riproduzione. Gli uomini, diversamente dagli altri mammiferi, non sanno quando una donna è "in calore": e quindi al momento dell'ovulazione non si crea una ressa di maschi eccitati che sgomitano per fecondarla, spinti da un istintivo impulso biochimico. Tutto questo porta a una riflessione molto interessante: cioè la possibilità che sia stato proprio questo uno degli elementi chiave ad aver contribuito al passaggio dal branco alla tribù.

Sulla nascita delle società umane ne sappiamo ancora troppo poco per capire come possono essere andate veramente le cose. Quello che si può fare è ragionare su alcuni dati oggettivi e formulare delle ipotesi. Quello che seguirà è quindi soltanto un ragionamento che si basa sulle particolari caratteristiche della nostra specie, caratteristiche che, combinandosi tra loro, avrebbero potuto dare origine al tipo di struttura che oggi conosciamo.

Dal branco alla tribù

La specie umana infatti è praticamente la sola che vive al tempo stesso in gruppo e in coppia fissa. Manca cioè quell'automatismo che, negli altri mammiferi, spinge il maschio dominante a fecondare tutte le femmine quando queste spandono i loro profumi, segnalando il momento della fertilità. La vita di gruppo, in altre parole, non è continuamente turbata da una panspermia aggressiva del maschio dominante, il quale, tra l'altro, sprecherebbe troppe energie sessuali, non potendo individuare con precisione i pochissimi (solitamente tre) giorni fertili. Non solo, ma nella specie umana non esiste la "stagione degli amori": il ciclo è continuo. Il maschio dominante dovrebbe quindi sottoporsi a dei tour de force straordinari per riuscire a possedere in continuazione tutte le donne, giocando a moscacieca con l'ovulazione.

Questa situazione ha forse permesso la nascita di una comunità in cui, accanto all'harem del gran capo, potevano coesistere coppie che si univano allo scopo di procreare e allevare figli per conto proprio. Quindi un "branco" del tutto anomalo rispetto ai branchi che esistevano in natura. Non solo, ma con una marcia in più: quella dell'innamoramento, che creava nel rapporto di coppia un'attrazione duratura e non solo un breve incontro. Una vera rivoluzione, insomma.

Quando potrebbe essere avvenuta questa transizione? Non lo sappiamo. Però è probabile che la nascita del rapporto di coppia sia stato un fatto non solo culturale, ma anche biologico. Questo è un aspetto molto importante. Nella nostra specie, infatti, sono apparse a un certo punto quelle tre caratteristiche genetiche, uniche tra i mammiferi (ovulazione femminile a ciclo continuo, estro nascosto e biochimica dell'innamoramento) che, insieme, avrebbero potuto spingere verso la monogamia. Si sa che in natura certe caratteristiche genetiche non appaiono per caso e richiedono tempi lunghi: se si affermano vuol dire che sono adattamenti vincenti, generati da una pressione selettiva. Una pressione che opera solo quando c'è una chiara convenienza. In altre parole, doveva esserci un notevole vantaggio consentito da queste nuove caratteristiche biologiche. Quale?

Il cervello al rallentatore

Se si guardano gli animali che vivono in coppia, il vantaggio, lo abbiamo visto, appare evidente: la sopravvivenza dei piccoli. Perché se si è in due a occuparsi di loro, aumentano notevolmente le probabilità di sopravvivere. Ma per la specie umana c'è una ragione in più. Una fortissima ragione in più: l'impossibilità dei piccoli di badare a se stessi per un tempo estremamente lungo, a causa della lenta maturazione del cervello.

È forse proprio in questa maturazione del cervello che va

visto il vantaggio biologico della monogamia umana: permettere ai piccoli di sopravvivere grazie alle cure parentali di due genitori anziché uno durante il lungo periodo di totale mancanza di autonomia.

Si tratta effettivamente di un caso unico, in natura. In tutti gli altri mammiferi le cose vanno diversamente: nel giro di qualche mese, o di qualche settimana, a volte persino di qualche ora, i cuccioli riescono a camminare da soli (abbiamo tutti in mente le immagini di quei piccoli gnu che nascono nella savana e che dopo poche ore sono in grado di camminare e poi di trotterellare accanto alla madre). Non solo, ma in tempi brevi sono anche capaci di nutrirsi da soli. Insomma, di diventare presto indipendenti.

I piccoli degli umani sono invece totalmente dipendenti dai genitori per un tempo lunghissimo. Imparano a camminare solo a 10-12 mesi, sono incapaci di procurarsi cibo per anni, non sanno orientarsi, né cacciare, né difendersi per un tempo ancora più lungo. In sostanza, morirebbero ben presto se non ci fosse qualcuno a nutrirli, portarli in braccio, difenderli, insegnare loro pian piano tutte le cose necessarie per sopravvivere, per anni e anni. Una situazione completamente diversa anche da quei mammiferi che conoscono lunghe cure parentali, come elefanti o gorilla. Ma perché gli esseri umani sono così lenti nel diventare autonomi?

Qualcuno, con un'immagine efficace, ha detto che il neonato è, per così dire, un feto che continua a svilupparsi fuori dal ventre materno. Nel senso che dopo nove mesi di gravidanza deve necessariamente venire alla luce, perché le dimensioni del bacino femminile non potrebbero consentire il passaggio a una testa di dimensioni maggiori, ma quello che viene fuori è un essere ancora in formazione, un "feto" del tutto incapace di vivere in modo autonomo a causa di un sistema nervoso non completamente sviluppato. La lenta maturazione del cervello, con tutti i suoi svantaggi pratici, consente però a questo piccolo essere umano un immenso vantaggio strategico: quello di sviluppare, attraverso una lunga fase di maturazione nervosa e di apprendimento, una formidabile macchina cerebrale, capace di immagazzinare ed elaborare esperienze in un modo inimmaginabile per qualsiasi altro mammifero.

L'evoluzione umana, cioè, attraverso una lunga selezione genetica, ha permesso di arrivare a individui via via sempre più intelligenti, ma per fare questo ha richiesto parallelamente lunghe cure parentali nei confronti dei piccoli, in modo che la loro meravigliosa struttura cerebrale venisse riempita di contenuti attraverso la trasmissione culturale.

Infatti un cervello straordinario come quello umano non servirebbe a niente se venisse privato della trasmissione culturale. Se, per ipotesi, un bambino fosse completamente tagliato fuori dai contatti con gli adulti, rimarrebbe a livello animale, o poco più. Lo si è visto con il famoso "bambino lupo" trovato nel Settecento nei boschi dell'Aveyron, in Francia; un bambino che viveva allo stato selvatico e camminava a quattro zampe, mordeva chi gli si avvicinava, era totalmente incapace di parlare e di pensare. Lo si è visto anche in altri casi molto più recenti: negli anni Sessanta a Boston vennero trovati due gemellini semiabbandonati in casa dalla madre, che dava loro solo da mangiare come fossero galline. Esistono in proposito filmati impressionanti che mostrano questi due gemelli all'età di 3-4 anni, incapaci di camminare, parlare o reagire in modo umano. Esaminati da specialisti, risultò che non presentavano alcun danno neurologico. Semplicemente il loro cervello non era stato stimolato da un contatto umano, né tantomeno nutrito tramite l'apprendimento e la trasmissione di un patrimonio culturale, cosa che aveva provocato immense difficoltà di recupero e menomazioni intellettuali permanenti.

La nascita della coppia

Possiamo chiederci: è forse questa necessità di occuparsi a tempo pieno dei piccoli, per un periodo molto lungo, che ha portato alla nascita di una struttura sociale formata non solo da un eventuale leader dominante, ma anche da coppie che collaboravano nelle cure parentali?

Non lo sappiamo, ma certamente si trattava di una struttura conveniente per tutti: sia per le coppie, sia per il gruppo. Per il gruppo, perché permetteva a molti maschi di stare insieme e di collaborare nell'interesse collettivo. Per le coppie, perché potevano cooperare nell'allevamento dei piccoli, protette all'interno di una comunità.

Quanto a questa formula a due, si può ipotizzare che fosse resa possibile non solo dalla mancanza di segnali, olfattivi o visivi, dell'estro (il che significava l'assenza di competizione tra maschi per fecondare le femmine "in calore"), ma che fosse favorita anche da altre ragioni: il maschio, infatti, stando il più possibile insieme alla sua femmina, aveva maggiori probabilità di fecondarla al momento giusto (cioè durante quei pochi giorni fertili nascosti), evitando che fosse qualcun altro a farlo. E raggiungendo così il suo obiettivo strategico di riprodursi.

È durante questa transizione fondamentale che si è forse sviluppato, come dicevamo, quello strano fenomeno che è l'innamoramento: cioè una fortissima attrazione che, in un certo senso, veniva a sostituire l'attrazione provocata dall'estro. A differenza dei segnali odorosi destinati a tutti i maschi, nascevano segnali di altro tipo, più personalizzati, non percepibili a distanza, ma che colpivano anch'essi le aree profonde delle emozioni.

In altre parole l'innamoramento come una diversa forma di "estro". Capace non solo di attrarre fortemente un maschio (attraverso una tempesta biochimica cerebrale), ma di creare, grazie a un'attrazione reciproca, un rapporto di coppia più duraturo; con una sessualità continua e con un legame che spingeva a stare insieme in modo tendenzialmente monogamico. Perlomeno durante il periodo in cui il piccolo aveva più bisogno di cure. Essendo un carattere vantaggioso, esso si sarebbe affermato attraverso la selezione.

In altre parole, l'innamoramento sarebbe stato un "trucco" biologico che ha consentito la nascita di rapporti personalizzati, adatti alle lunghe cure parentali, disinnescando quella competizione tra i maschi provocata dall'estro.

Naturalmente si tratta solo di ipotesi, ma certamente suggestive.

Una varietà di modelli

Un'ultima notazione, di rilievo, sul comportamento animale.

Va detto che monogamia e poligamia non sono modelli rigidi e contrapposti: da un lato la coppia monogamica e dall'altra il maschio dominante con il suo harem. Si registrano infatti molte varianti.

Per esempio, tra gli uccelli, che sono quasi sempre monogami, il legame può durare per una sola nidiata (passeri). Oppure per molte stagioni, o addirittura per la vita (albatri, cigni, oche, aquile). Anche il contributo dei maschi all'allevamento può variare molto: alcuni svolgono solo il ruolo di sentinelle contro i pericoli, altri non solo procurano il cibo ma collaborano alla cova (aironi, egrette).

Anche tra i mammiferi esistono vari tipi di monogamia: come abbiamo visto nel caso della volpe, dove la coppia sta insieme per lo svezzamento dei piccoli quando le risorse sono scarse; o in quello del leopardo, dove la coppia si unisce unicamente per la riproduzione; oppure come nel caso dello sciacallo dalla gualdrappa che invece sta insieme alla sua compagna per tutta la vita.

Analogamente tra gli animali che vivono in gruppo i modelli variano: esiste per esempio un'antilope maschio "dominante" che dispone anche di un guardiano dell'harem, un giovane maschio che lo aiuta nella difesa dei confini e al quale viene concessa saltuariamente qualche femmina da montare.

Ci sono altri gruppi, come i lupi, dove la dominanza è molto più complessa: esiste infatti una gerarchia sia nei maschi sia nelle femmine. Il maschio alfa feconda la femmina alfa, la quale genera un maggior numero di piccoli di quanto facciano le femmine di grado più basso. Anche se è presente un maschio dominante, non esiste però un vero harem.

È così anche per altri animali che vivono in gruppo. Per esempio tra i gorilla, dove accanto al *silver back*, cioè il maschio dominante dalla schiena argentata, vi sono altri maschi di rango inferiore. In tali casi la socialità, così importante in questi animali, stempera la dominanza e i maschi beta possono avere la loro chance di accoppiarsi.

Qualcosa di simile avviene anche nelle iene (altri animali molto sociali), ma a parti rovesciate: qui è la femmina a essere dominante. In realtà, tra le iene è difficile distinguere a prima vista i due sessi.

Non è un caso che le femmine (in particolare quella dominante) posseggano un clitoride così sviluppato da assomigliare a un pene.

Anche tra gli elefanti esiste una società matriarcale, ma solo in apparenza. Nel gruppo, guidato dalla femmina anziana, ci sono solo femmine e maschi giovani: i maschi dominanti stanno fuori, ma al momento dell'estro lottano tra loro, e il vincitore feconda le femmine fertili. Poiché l'estro può avvenire in momenti diversi per le diverse femmine, si verificano a quel punto altri tornei, dove magari altri maschi diventano vincitori e fecondatori.

Esistono poi casi speciali, come quello dei leoni. Se un giovane maschio, proveniente dall'esterno, sfida il vecchio leone e riesce a spodestarlo, non soltanto si impadronisce delle femmine, ma uccide i piccoli, in modo che la madre smetta di allattare, entri nuovamente in calore e gli dia dei figli. Questa detronizzazione avviene spesso a opera di due giovani maschi, che poi collaborano e fecondano le femmine trasmettendo alla discendenza i propri geni.

Tra gli oranghi esiste in certi casi monogamia e in altri poligamia, ma una poligamia di tipo particolare: il maschio occupa un esteso territorio nel quale vivono le sue numerose femmine. Ogni femmina, però, ha un proprio raggio d'azione, indipendente da quello delle altre. È come se un uomo avesse varie mogli in diverse città.

I gibboni, invece, vivono in coppie fisse, monogame, e ogni coppia ha un suo territorio esclusivo. E poi ci sono gli scimpanzé bonobo, che negli ultimi tempi hanno destato il vivo interesse degli etologi per il loro comportamento assai particolare, né poligamico né monogamico. Vengono anche chiamati scimpanzé pigmei, benché in realtà le loro dimensioni siano soltanto di poco minori rispetto a quelle degli scimpanzé. Vivono nello Zaire e sono stati molto studiati sia in natura che nei grandi zoo. Che cosa hanno di tanto peculiare i bonobo?

Lo strano caso dei bonobo

La cosa che colpisce è il loro comportamento sessuale, che regola molti aspetti della vita di gruppo. C'è grande promiscuità: tutti con tutti, senza distinzione di genere e di età. Il solo tabù è il rapporto della madre con il figlio adulto. Il fatto è che l'attività sessuale, così come avviene nella specie umana, non è rivolta solo a procreare, ma rappresenta una gratificazione in sé, separata dall'intento riproduttivo.

Gli studiosi sono rimasti stupiti anche dai modi in cui si esprime questa sessualità: tra i bonobo esistono infatti il bacio profondo, la fellatio, e molto spesso la copulazione è frontale, come nella specie umana, pratica consentita dalla posizione della vulva. Le femmine raggiungono l'orgasmo e talvolta sono state viste sollecitare l'incontro sessuale con il maschio per ottenere un vantaggio, per esempio del cibo.

La tumescenza dei genitali femminili che segnala la disponibilità ad accoppiarsi dura molto più a lungo che negli altri scimpanzé. Anziché qualche giorno, è infatti presente quasi sempre. La copulazione è frequente ma molto breve: in media solo 13 secondi.

Si ritiene che tutta questa attività sessuale sia un mezzo di pacificazione all'interno della comunità, come ha fatto notare uno dei primatologi più autorevoli al mondo, l'olandese Frans B.M. de Vaals. E in questi gruppi, infatti, diversamente da quanto succede tra gli altri scimpanzé, la convivenza è molto tranquilla.

I bonobo sono anche i primati più vicini all'uomo dal punto di vista biologico: secondo alcune stime, abbiamo in comune con loro tra il 99 e il 99,6 per cento del patrimonio genetico. Vedere i bonobo quando camminano eretti è impressionante: sembrano proprio le immagini dei primi ominidi ricostruite dai paleoantropologi. Ma in quale maniera tutto questo influenza i rapporti all'interno del gruppo?

Qui, effettivamente, non c'è né monogamia né poligamia: c'è invece promiscuità. Con una prevalenza gerarchica femminile. Si è osservato infatti che le femmine, pur essendo più deboli dal punto di vista fisico, si coalizzano per contrastare i maschi, anche nella conquista del cibo; mentre i maschi, a differenza degli altri scimpanzé, non si organizzano in bande. Esistono, nella gerarchia, maschi alfa e femmine alfa: e si è osservato che i figli delle femmine alfa sono quelli che fanno più "carriera" all'interno del gruppo. La mancanza di una chiara struttura poligamica o monogamica e la copulazione continua di tutti con tutti sembra far sì che non si sviluppi quella lotta per il possesso delle femmine che si registra invece in quasi tutte le altre specie che vivono in gruppo.

In questo i bonobo sono molto lontani dal modello umano. Qui, infatti, sembra entrare in gioco la riproduzione del gruppo, anziché quella dell'individuo. E ciò disinnesca l'aggressività per la conquista e l'esclusiva della femmina, i due pilastri che regolano il comportamento sessuale sia nella poligamia sia nella monogamia. Come direbbe qualcuno: "Fate l'amore, non la guerra". Una formula difficilmente applicabile alla specie umana. Tra gli esseri umani, per contro, i tentativi di formare comunità del "libero amore" sono falliti, anche per l'insorgere di rivalità e gelosie: tantopiù fallirebbe una comunità in cui il libero amore venisse praticato da tutti con tutti, senza distinzione di genere e di età. Ed è forse questa una delle principali differenze genetiche che si trova in quell'uno per cento di scarto tra il patrimonio genetico degli uomini e quello dei bonobo, malgrado tante altre somiglianze.

Insomma, in natura i modelli possono essere tanti e ogni specie ha adottato quello che corrispondeva meglio alle sue esigenze di sopravvivenza. L'importante è che la formula funzioni, che consenta ai piccoli di raggiungere l'età adulta e di riprodursi a loro volta. Perché è questa la regola nella selezione naturale: vince chi genera una prole fertile.

Nella nostra specie il modello non solo è molto diverso da

quello degli altri mammiferi, ma è unico: non esistono altri mammiferi che vivano al tempo stesso in gruppo e in coppia fissa. All'interno di questo modello generale esistono però numerose varianti che rendono possibile la coabitazione di poligamia e monogamia e "riassumono" in un certo senso tanti modelli che esistono in natura. Nelle società umane, infatti, ci sono gli harem e ci sono le coppie unite per tutta la vita, ci sono uomini che hanno più famiglie in varie città e coppie che sono monogame solo per pochi anni, poi si separano e si uniscono con altri partner, generando altri figli (creando così quelle che sono state definite "poligamie sequenziali"). L'evoluzione culturale ha poi creato sottomodelli ancor più complessi e compositi.

La cosa interessante è che monogamia e poligamia coesistono non solo all'interno delle società umane, ma coabitano anche dentro il cervello dei maschi: poligami per vocazione e monogami per necessità.

I feromoni umani

Vale la pena di aprire qui una piccola parentesi curiosa per quanto riguarda l'ovulazione nascosta nella specie umana. Possiamo infatti chiederci: è davvero scomparsa del tutto la nostra sensibilità ai feromoni sessuali? Cioè la possibilità di essere recettivi, magari senza accorgercene, a certi segnali sessuali emessi dal corpo del partner, sia maschio che femmina, e che raggiungono il nostro sistema olfattivo?

È una questione sulla quale si è molto discusso ed è un campo in cui le opinioni vanno dall'entusiasmo allo scetticismo. Fra i vari esperimenti realizzati il più famoso risale al 1971, quando una ricercatrice dell'Università di Chicago, Martha McClintock, pubblicò uno studio in cui dimostrava che il ciclo mestruale di giovani donne che vivevano insieme in un college e alloggiavano nello stesso dormitorio tendeva a sincronizzarsi. Altri studi hanno cercato di dimostrare che gli uomini sono effettivamente sensibili a certe molecole emesse dalle donne durante l'ovulazione. In un esperimento condotto all'Università del Texas, il dottor Deendra Singh ha chiesto a ventun volontarie di dormire con una T-shirt durante la fase fertile del ciclo (cioè 13-15 giorni dopo il periodo mestruale). Poi di fare altrettanto con un'altra T-shirt durante la fase infertile (tra il ventunesimo e ventisettesimo giorno). Fu anche chiesto loro, durante il periodo dell'esperimento, di non usare profumi, di lavarsi con saponi senza odore, di evitare rapporti sessuali e di rinunciare a cibi speziati o aromatici, come l'aglio. E di non fumare.

Quando dei volontari maschi annusarono tutte queste T-shirt e fu chiesto loro di dire quale odore preferivano, diedero un punteggio decisamente più alto a quelle indossate durante la fase fertile. Lo stesso risultato fu ottenuto quando un altro gruppo di uomini annusò le T-shirt a una settimana di distanza, esperimento fatto per verificare per quanto tempo permanesse l'odore.

Uno studio analogo è stato compiuto anche da un ricercatore finlandese, Seppo Kuukasjarvi, nel 2004.

In altri studi la situazione era rovesciata. Per esempio, in una serie di test trentadue studentesse, divise in vari gruppi, dovevano valutare l'attrazione di giovani maschi attraverso una serie di fotografie. Risultò che il gruppo che osservava le foto mentre annusava secrezioni ascellari maschili assegnò mediamente un punteggio più alto ai ragazzi ritratti.

Certe industrie di profumi non hanno tardato molto a utilizzare queste ricerche per mettere sul mercato dei "profumi ai feromoni", destinati ad aumentare l'attrazione sessuale, tra molte critiche e scetticismo. In effetti, una eventuale sensibilità umana ai feromoni, ammesso che esista, appare molto evanescente. Non solo perché tanti altri profumi, molto più forti, "coprono" questo debole segnale, ma soprattutto perché, come riconoscono numerosi ricercatori, nella specie umana l'attrazione è dominata in realtà da tantissimi altri stimoli ambientali (visivi, ornamentali, linguistici ecc.) che sovrastano di gran lunga questo tipo di comunicazione olfattiva, ormai quasi scomparso nella specie umana.

Per dare un'idea invece di quanto forte sia la comunicazione attraverso gli odori nel mondo animale, e quali reali effetti possa provocare, basta pensare a un piccolo ma molto significativo esperimento. Se si colloca in un contenitore di vetro una coniglia incinta di pochi giorni (prima che l'ovulo fecondato si sia impiantato nell'utero) e poi si immette nella gabbia l'odore di un nuovo maschio, la coniglia abortisce...

VII
L'incertezza della paternità

Gli inconvenienti della monogamia

Ma torniamo alla monogamia. Nella specie umana essa è, come sappiamo bene, il modello di base della società, anche se permane nel cervello dell'uomo quell'antica vocazione alla poligamia che si esprime nelle forme che abbiamo visto.

La monogamia presenta tantissimi vantaggi, ma anche qualche inconveniente. Lo sanno bene gli uccelli che vivono in coppia. E torniamo proprio a loro, perché rappresentano un bell'esempio di come vanno le cose in natura (e di come i loro problemi siano, in una certa misura, simili ai nostri).

Se i maschi se ne vanno troppo in giro, magari in cerca di femmine, corrono un grave rischio: che qualcun altro, approfittando dell'assenza, si infili nel nido e faccia i comodi suoi. Cosa che capita di frequente. Quindi, cooperazione nell'allevamento dei piccoli ma occhi aperti (questa vigilanza è particolarmente viva nei colombi), per evitare non solo che i piccoli corrano pericoli, ma che qualche mascalzone seduca furtivamente la compagna. Soprattutto durante il periodo fertile.

Il rischio del tradimento, in effetti, è notevole. Da entrambe le parti, bisogna dire. Esistono infatti parecchie copulazioni extracoppia, in questi animali apparentemente così monogami. I ricercatori, utilizzando le analisi del DNA per determinare la paternità, hanno constatato che molti dei piccoli non sono figli del legittimo occupante del nido. Nell'andirivieni per foraggiare a turno la nidiata, succede spesso che un maschio riesca a copulare altrove con un'altra femmina così come, viceversa, può succedere che durante la sua assenza un maschio di passaggio fecondi la sua compagna.

Il risultato delle analisi è che tra il 18 e il 43 per cento di tutte le femmine in riproduzione hanno avuto una copulazione extracoppia in ogni stagione riproduttiva. Quindi, una percentuale molto alta. Gli studi degli etologi mostrano che ci sono vantaggi per entrambi, perché questa "dinamica sessuale" consente una varietà genetica nella discendenza. Ma con una differenza: la madre è sicura che i piccoli di cui dovrà occuparsi sono suoi, mentre il padre no.

Come dicevano i romani *mater semper certa*, perché è lei a generare la prole. Mentre il padre, se tradito, risulterebbe essere un perfetto estraneo nei confronti dei piccoli che nascono nel suo nido. Questo vale non solo per gli uccelli, naturalmente, ma anche per gli uomini. Ed è all'origine di una sterminata catena di comportamenti nelle culture umane.

L'incertezza della paternità

L'incertezza della paternità, nella specie umana, ha avuto un ruolo esplosivo nel comportamento e nelle culture. Si tratta di una delle più cruciali asimmetrie tra maschi e femmine, che espone l'uomo al rischio di non essere il padre dei suoi figli. Qualcun altro avrebbe potuto segretamente fecondare la sua compagna e in tal caso il nascituro sarebbe per lui un perfetto estraneo. Non solo i suoi geni non passerebbero nella discendenza, ma finirebbe per dedicare tutte le sue cure e le sue risorse al figlio di qualcuno che lo ha tradito.

Questa incertezza della paternità è stata all'origine di una serie infinita di precauzioni, coercizioni e anche violenze sin dall'antichità.

Il pensiero corre subito, in questi casi, alla famigerata cintura di castità che, pare, certi mariti imponevano alla moglie durante la loro assenza. Come si sa, questo attrezzo consisteva in una specie di "tanga" corazzato, con piccole aperture seghettate e dotate di denti metallici, in modo da scoraggiare qualunque penetrazione, ma al tempo stesso capace di lasciar passare i liquidi e i solidi giornalieri (con risultati igienici facilmente immaginabili). Per la verità sembra che questa cintura di castità fosse utilizzata piuttosto per un altro scopo: difendersi dagli stupri. Certe donne l'avrebbero indossata in situazioni in cui la loro incolumità sessuale poteva essere messa in pericolo, per esempio durante lunghi viaggi.

Ma al di là di questo attrezzo (che è stato all'origine, forse, più di fantasie romanzesche che di usi pratici), durante tutta la storia si sono susseguiti altri interventi ben più efficaci per tutelare il diritto del maschio alla certezza della paternità: regole di comportamento, tradizioni, morali, leggi. Spesso fortemente repressive nei confronti della donna.

Oggi, nelle società avanzate, una serie di fattori ha modificato profondamente la situazione (i contraccettivi, il lavoro femminile, la maggiore libertà dei giovani, una diversa valutazione del concetto di verginità, la crescente emancipazione della donna in tutti i campi ecc.). Ma sono cambiamenti avvenuti in tempi recentissimi rispetto alla storia umana: cinque minuti fa, per così dire. In tantissime società queste trasformazioni, del resto, sono assai più lente, o addirittura non sono ancora avvenute. Se ci guardiamo indietro (e se ci guardiamo intorno), possiamo rilevare ancora oggi alcune delle antiche regole a tutela della paternità maschile. Per esempio la verginità.

La verginità

La verginità era considerata un valore importante, perché rappresentava una doppia garanzia: sia della "serietà" della futura moglie, sia del fatto che non vi era stata una fecondazione clandestina.

La cosa forse vi sorprenderà, ma in certi Paesi, come la Turchia, ancora oggi la verginità è percepita come un problema talmente importante da riguardare addirittura la magistratura.

La domanda d'ingresso della Turchia nell'Unione europea sta modificando rapidamente la legislazione in quel Paese, ma fino a tempi recentissimi esisteva (e forse ancora esiste, non dichiarato) il cosiddetto "test di verginità", praticato negli ambienti più conservatori delle zone rurali come prova dell'onore familiare. La legge ora prevede una pena da tre mesi a un anno per i trasgressori: il test potrà essere richiesto soltanto dal giudice o da un procuratore come prova giudiziaria. Associazioni per i diritti umani si battono perché questo test di verginità non costituisca più la condizione per essere assunte in certe professioni e nelle prigioni per le detenute.

In alcuni Paesi la verginità è al centro di leggende e tradizioni incredibili. Racconta la scrittrice Everjoice J. Win, originaria dello Zimbabwe, che, con la diffusione dell'AIDS, sono tornati in auge i test di verginità fatti da vecchie donne che infilano un uovo nella vagina: se l'uovo si rompe all'interno la donna non è considerata vergine!

La verginità permette alle famiglie della sposa di alzare il prezzo, la cosiddetta *lobola*, di cui beneficiano gli uomini della famiglia della sposa: padre, fratelli, zii. Alle ragazze si racconta che se arriveranno vergini al matrimonio il loro marito le amerà per sempre, avranno figli maschi e non potranno essere contagiate dall'AIDS (!).

Organizzazioni non governative contro la violenza verso la donna hanno raccolto la testimonianza di ragazze vergini richieste come "cura" contro l'AIDS. Racconta Ottilia Chaputsira, ventotto anni, dello Zimbabwe: «Mio padre mi ha dato in sposa a un uomo sieropositivo. Ho saputo solo dopo, quando mio marito stava morendo, che un guaritore gli aveva detto che una vergine avrebbe potuto curarlo».

Molte altre storie sulla verginità e la violenza sulle donne rimangono nel segreto delle famiglie, in società arretrate e chiuse dove raramente qualche donna riesce a sottrarsi alla rete che la tiene sotto sorveglianza e prigioniera, per uscire allo scoperto e denunciare queste terribili situazioni.

In certe comunità sudamericane esiste un rito, vecchio di tre secoli, cui molte ragazze si sottopongono prima del matrimonio: il giuramento di verginità. È una cerimonia che avviene in chiesa, dove le ragazze, in abito nuziale, davanti all'altare, si impegnano solennemente a mantenersi vergini. Mi viene in mente in proposito un famoso film in cui Anna Magnani, prima di concedere alla figlia il permesso di uscire con un giovanotto, porta il malcapitato davanti a un quadro della Madonna, lo fa inginocchiare e gli fa giurare che mai si azzarderà a toccare sua figlia.

Fino a tempi molto recenti, le ragazze non uscivano di sera. E se lo facevano, venivano accompagnate da madri o da fratelli. Era impensabile che una ragazza andasse a ballare da sola e tornasse alle quattro di notte, oppure che partisse per il week-end con il suo amico. Non è che tutte le ragazze arrivassero vergini al matrimonio, ma le forme andavano rispettate.

Ricordo, del resto, che negli annunci matrimoniali si leggeva spesso: "Illibata, bella presenza, istruzione elevata..." ecc. L'illibatezza era un valore di cui vantarsi. Oggi chi penserebbe di mettere un annuncio del genere? Si rimaneva vergini non solo per virtù, ma anche perché mancavano le occasioni: infatti per fare quella certa cosa bisognava avere una casa libera, o un'automobile, o una camera d'albergo, tutte cose solitamente irraggiungibili all'epoca. Ed era anche molto complicato appartarsi in qualche boschetto: per chi viveva in città scarseggiavano gli anfratti adeguati, per chi viveva in campagna c'era la paura di essere visti e riconosciuti, in un ambiente dove il pettegolezzo colpiva come un missile teleguidato. Senza contare i rischi terrorizzanti di una gravidanza non voluta, in un'epoca in cui non c'era la pillola e nulla si sapeva del ciclo e dei giorni fertili.

L'esclusività sessuale

Tutto questo faceva sì che, al di là della difesa dell'illibatezza della giovane, destinata a garantire la certezza della paternità e l'orgoglio del futuro marito, si creasse intorno a questo tabù sessuale una cultura fortemente repressiva, che influenzava ogni comportamento. L'apparato genitale femminile d'altronde andava protetto non solo prima del matrimonio ma, ancor più, dopo. E diventava a volte un'idea fissa, un'ossessione. Un uomo non era considerato tale se non difendeva a spada tratta il suo territorio. Se veniva tradito, alle sue spalle circolavano battute ironiche e risatine, accompagnate da mimiche e gesti allusivi. Se la tresca veniva alla luce, doveva reagire. E reagire "da uomo". Cioè con violenza.

Oggi si pensa al delitto d'onore e alle relative leggi che lo "giustificavano" come a una barbarie giuridica. E queste leggi sono state, giustamente, modificate. Vittima però di questa situazione non era soltanto la donna, ma anche l'uomo che veniva a trovarsi sotto una pressione ambientale fortissima, imprigionato dentro una cultura che lo spingeva verso comportamenti da cui non tutti riuscivano a liberarsi.

Questa difesa estrema della certezza della paternità avveniva (e ancora avviene) a prescindere dall'effettivo rischio di fecondazione da parte di un estraneo. Non aveva alcuna importanza se la coppia fedifraga usava degli anticoncezionali oppure no: la percezione del tradimento si era spostata dalle conseguenze dell'atto all'atto *in sé*. Era cioè passata dalla sfera della biologia a quella della cultura. Oggi nessun marito tradito difende più la sua certezza della paternità in senso stretto, ma difende il suo territorio, il suo possesso, il suo bene, l'investimento in amore e in emozioni che lo lega alla persona con la quale ha scelto di vivere tutta la vita. Questo passaggio dalla biologia alla cultura spiega anche l'evoluzione dei costumi.

Ricordo quale eco ebbe, negli Stati Uniti, ciò che disse un giorno la moglie di un presidente americano nel corso di un'intervista televisiva quando, rispondendo a una domanda, affermò che la verginità non era più un requisito necessario per il matrimonio. Molte famiglie tirarono un sospiro di sollievo, nel senso che una tale affermazione "sdoganava" una pratica di fatto largamente diffusa. E legittimava, in un certo senso, le esperienze prematrimoniali. Esperienze per le quali taluni genitori provavano comunque un senso di disagio.

Le esperienze prematrimoniali sono ormai molto frequenti nei Paesi occidentali. Negli Stati Uniti l'età del primo rapporto è oggi mediamente 16 anni, per entrambi i sessi. In Italia, in base a una ricerca, i giovani che oggi hanno 30 anni hanno avuto il loro primo rapporto a 17,6 anni (maschi) e a 18,4 anni (femmine). Per coloro che hanno invece meno di 24 anni, il primo rapporto è stato un po' più precoce: 17 anni per i maschi e meno di 18 per le femmine.

Il record di precocità, in Italia, è stato registrato nei licei romani tra il 1975 e il 1985: 15,2 anni per i ragazzi e 15,6 per le ragazze.

Va detto che anche il menarca, cioè la prima mestruazione, è oggi molto anticipato rispetto al passato: in Europa nell'Ottocento si verificava in media a 15 anni e mezzo, oggi avviene a 12 anni e mezzo. Si ritiene che ciò sia dovuto all'alimentazione, più ricca e nutriente. La donna, infatti, per riprodursi deve disporre di sufficienti risorse di grasso.

Anche nei Paesi in via di sviluppo si sta oggi registrando l'anticipo del menarca. In uno studio effettuato in Africa, nel Camerun, dal Centro nazionale francese per l'Ecologia dell'alimentazione, sono stati presi in considerazione tre gruppi di ragazze: 205 che vivevano in città, 505 in aree suburbane e 201 in zone rurali. E si è vista anche qui una significativa differenza. La prima mestruazione, mediamente, si verifica a 13,1 anni per le ragazze di città (una media che scende a 12,7 per quelle che appartengono a famiglie benestanti), mentre per le ragazze delle aree suburbane la media sale a 13,9 e per quelle delle zone rurali a 14,2.

Anche in Brasile una ricerca su oltre duemila donne nate tra il 1931 e il 1977, basata sul numero di anni di scuola del padre (e quindi indirettamente sul livello economico familiare), ha mostrato un significativo anticipo del menarca per le ragazze che appartenevano a ceti sociali più agiati.

E i ragazzi? Una ricerca effettuata negli Stati Uniti da un istituto di studi sulla nutrizione ha mostrato che mediamente nei ragazzi di oggi i peli del pube appaiono prima di quanto avvenisse in passato. Cioè anche nei ragazzi la pubertà risulta anticipata rispetto alle generazioni precedenti.

I disastri delle mutilazioni

La verginità femminile, in realtà, continua ancora oggi a essere un valore molto sentito in numerosi Paesi e viene "protetta" a volte con pratiche violente, come l'infibulazione. In Africa milioni di donne vengono sottoposte sin da bambine a questa operazione terribile che ha lo scopo di farle arrivare vergini al matrimonio. Ecco un quadro sintetico della situazione.

Va detto, anzitutto, che le mutilazioni dei genitali femminili, nelle loro varie forme, riguardano oggi secondo i dati disponibili tra 100 e 132 milioni di ragazze e donne. Un numero enorme. L'intervento avviene di solito prima della pubertà. E si calcola che ogni anno altri due milioni di bambine passino sotto i ferri delle mammane. La maggior parte di questi interventi avviene in 28 Paesi africani, ma il fenomeno riguarda anche alcuni Paesi mediorientali e asiatici.

Gli interventi, di vario tipo, sono soprattutto finalizzati alla chiusura della vulva e all'asportazione, parziale o totale, del clitoride. Nel primo caso si crea una barriera contro la penetrazione, nel secondo si diminuisce la libido, in modo che la donna sia meno tentata ad avere rapporti sessuali (con estranei).

Cominciamo dall'infibulazione. Essa consiste nel cucire insieme le grandi labbra mediante una sutura fatta a volte con delle spine, in modo da ridurre l'apertura, lasciando un piccolo orifizio nell'estremità inferiore per permettere il deflusso dell'urina e del sangue mestruale.

Con quali conseguenze? Intanto ci sono i rischi connessi all'intervento, effettuato con schegge di vetro o coltelli da cucina: emorragie gravi, infezioni dovute a strumenti non sterilizzati (il tetano in particolare, che è spesso fatale). A volte l'imperizia di chi pratica questa operazione può causare danni all'uretra o alle pareti della vagina.

Le conseguenze a medio termine sono: mestruazioni molto dolorose, ristagni di sangue e urina, difficoltà nell'igiene che possono portare a infezioni croniche dell'utero e in certi casi provocare la sterilità. A volte, se le suture sono troppo strette, possono crearsi fistole e prolassi, che causano incontinenza.

Ammesso che una donna abbia la fortuna di superare indenne questa prima fase, è evidente che proverà dolore al momento in cui, sposandosi, avrà rapporti sessuali. Certe donne vivono il momento del rapporto come una punizione, e sviluppano a volte vere e proprie fobie nei confronti del sesso. Ma anche al momento del parto l'infibulazione crea dei problemi: bisogna allargare questa via stretta che provocherebbe difficoltà al passaggio del neonato, con il rischio di danni cerebrali. Vista questa agghiacciante serie di pericoli, c'è quasi da stupirsi che la mortalità da infibulazione non sia più alta. In realtà, secondo alcuni, i dati sui danni provocati da questa pratica rimangono il più delle volte nascosti.

Va detto che molte donne, al momento di sposarsi, o in vista del parto, chiedono la defibulazione, cioè una riapertura almeno parziale dell'orifizio che si ottiene con un'incisione della cicatrice. Ciò permette di eliminare alcuni problemi cronici. Dopo il parto, però, può seguire una reinfibulazione, richiesta dal marito o dalla donna stessa. Ma questo riaprire e chiudere compromette l'elasticità del perineo e può provocare danni permanenti.

Come dicevamo, c'è anche un'altra grave mutilazione che avviene insieme all'infibulazione, oppure separatamente: la clitoridectomia. Cioè l'asportazione, sempre con il coltello o con una scheggia di vetro, del punto più sensibile dell'organo genitale femminile, quello che procura l'orgasmo.

Anche questa asportazione, totale o parziale, è praticata senza anestesia ed è destinata a eliminare il piacere sessuale, e quindi a rendere la donna meno incline ad avere rapporti (naturalmente con altri uomini). Meglio una moglie frigida, insomma, che una moglie adultera.

Non sono necessari commenti. Rimane però da chiedersi: perché, visti i gravi rischi che comportano, tutte queste mutilazioni continuano a essere così diffuse? Perché le donne non si ribellano? Le ragioni sono state ben studiate da medici, psicologi e antropologi.

La forza delle tradizioni

La ragione principale dell'infibulazione, come è stato detto, è di garantire la verginità delle ragazze, preservando la loro castità fino al matrimonio. In numerosi Paesi la prova della verginità fa parte integrante della transazione matrimoniale (una sposa vergine viene pagata di più dallo sposo). La cosa paradossale è che la verginità, dal punto di vista anatomico, è rappresentata dalla presenza dell'imene, una sottile membrana che a volte, durante queste pratiche, viene rotta, provocando così la perdita di quello che l'intervento deve preservare...

Esiste anche l'idea che le donne infibulate e mutilate nel clitoride migliorino il piacere e le prestazioni degli uomini (mentre, interrogati in proposito, gli uomini ammettono che una donna senza clitoride è meno eccitante perché più frigida). Ma circolano anche altre credenze fantasiose: per esempio, che il clitoride della donna uccida lo spermatozoo e che abbia il potere persino di uccidere il primogenito durante il parto.

Il fatto è che su questa vicenda pesano moltissimo non solo le leggende ma soprattutto le tradizioni, che rendono queste pratiche dei veri e propri riti di passaggio. Una ragazza che non si sottopone a questi rituali si sente esclusa dal gruppo. Peggio: viene considerata una poco di buono.

Mi raccontava un medico che, in Africa, una missione di suore italiane aveva raccolto delle orfane, dando loro la possibilità di trovare una nuova casa e un'istruzione. Naturalmente le suore non praticavano infibulazioni o clitoridectomie: ebbene, queste ragazze non trovarono più marito, perché venivano considerate delle poco di buono, quasi fossero delle prostitute.

Questo episodio la dice lunga sulle difficoltà che incontrano le organizzazioni nazionali e internazionali come l'Unicef e spiega anche l'inquietante diffusione delle mutilazioni. Secondo stime approssimative, in molti Paesi dell'Africa le percentuali arrivano spesso al 90 per cento della popolazione femminile. La cosa sorprendente è che non esiste una grande differenza per quanto riguarda il grado di istruzione, anche se negli ultimi tempi si è registrato un diverso atteggiamento nelle nuove generazioni, e una differenza tra campagna e città.

Una lunga battaglia

L'altro fatto sorprendente è che queste tradizioni non sono legate a una particolare cultura o religione: le mutilazioni sessuali sono comuni a gruppi musulmani, cattolici, protestanti, ebrei, animisti e atei. È una pratica che si ritiene risalga addirittura all'antico Egitto.

La cultura delle mutilazioni è così radicata nella mentalità che la battaglia che certi governi africani cercano di condurre per liberare la donna da questo tormento si scontra con forti resistenze. Un Paese come il Burkina Faso, per esempio, ha promulgato leggi, lanciato campagne, realizzato trasmissioni televisive per combattere certe credenze e spiegare i danni prodotti da queste pratiche disumane, mostrando ai notiziari più seguiti anche le immagini scioccanti delle mutilazioni. Il primo impatto è stato molto forte, ma la campagna si è scontrata con la resistenza, altrettanto forte, della tradizione inculcata sin dall'infanzia: "Se infrangi le regole morirai!".

E poiché le giovani ragazze, con la scolarizzazione, cominciavano a fuggire e a ribellarsi, la conseguenza è stata che i genitori hanno cominciato a praticare le mutilazioni in età sempre più precoce: non più alla pubertà, ma a 2-3 anni, o addirittura a meno di un anno. "Così il dolore e il trauma non saranno ricordati..."

In certi Paesi il governo ha vietato che operazioni del genere fossero eseguite negli ospedali, poi ha dovuto fare marcia indietro per evitare che le bambine finissero nelle mani delle praticone, con rischi ben immaginabili.

In questi ultimi anni si sono tenute varie conferenze internazionali, in particolare al Cairo e in Kenya, con dichiarazioni nelle quali decine di capi di Stato si impegnavano a proibire nei loro Paesi queste mutilazioni. Ma passare dalla teoria alla pratica è tutt'altro che facile.

Va detto che le mutilazioni avvengono oggi anche in Europa, nelle comunità degli immigrati, cosa che mette in difficoltà le autorità pubbliche, anch'esse divise tra l'istintiva repulsione ad autorizzare tali pratiche e il timore che possano essere compiute nella clandestinità, con gravi conseguenze per la salute delle bambine.

In Italia si calcola che ogni anno ben cinquemila bambine siano sottoposte a mutilazioni sessuali.

La cosa che colpisce è che le donne, vittime di queste pratiche, sembrano accettarle come un rito necessario, anche se doloroso e devastante. Esiste in proposito un documento che fa riflettere: è un sondaggio realizzato nel corso di tre anni (1991-1993) nella Regione Toscana su donne somale infibulate, per lo più colf. Una delle domande era: "Lei si ritiene soddisfatta della propria vita sessuale in base a criteri quali l'orgasmo?". La risposta è stata al 90 per cento: "Non soddisfatta". "Per quale motivo?" Risposta: 48 per cento, forti dolori durante il rapporto; 20 per cento, mancanza di piacere; 32 per cento, odio per il rapporto sessuale.

Ma alla domanda: "Cosa farebbe se in Italia a sua figlia fosse vietata questa operazione?", la risposta è stata: 70 per cento, "La manderei a farla in Somalia"; 30 per cento, "La farei operare di nascosto qui in Italia".

Questa apparente contraddizione trova la sua spiegazione in un'altra risposta. "Che cosa penserebbe la sua comunità d'origine se sua figlia non fosse operata?". Ecco le risposte: 20 per cento, "Che non è una buona musulmana"; 70 per cento, "Che diventerà una donna facile"; 10 per cento, "Che non proviene da una buona famiglia".

E le giovani, come la pensano? Va detto che queste mutilazioni vengono fatte in grande maggioranza prima dei 10 anni, quindi si tratta di bambine non ancora in grado di reagire. Ma se questo avviene quando sono più grandi, e soprattutto se vivono all'estero, si rendono conto di quello che sta per accadere. Ecco quello che ha scritto a un giornale un'adolescente africana residente in Gran Bretagna: "Aiutatemi! Quest'estate vado in vacanza in Sudan e so quello che accadrà: mi mutileranno!...".

L'incredibile caso di Mukhtar Mai

Anche là dove queste mutilazioni non avvengono, esiste comunque per certe ragazze l'ombra lunga di una tradizione implacabile. Mi è capitato di leggere su un sito anonimo di conversazione Internet l'appello di una ragazza egiziana che viveva nel nostro Paese e che, in perfetto italiano, chiedeva aiuto e consiglio, perché aveva conosciuto un ragazzo e perso la verginità: "Se i miei vengono a saperlo mi ammazzano!".

Ma ci sono tanti altri casi sommersi, di una gravità estrema, che vengono alla luce solo quando qualche donna, vittima di violenze terribili, decide di parlare e denunciare i responsabili. È il caso, ormai ben noto, di Mukhtar Mai, una donna pachistana che sta conducendo una personale battaglia contro la violenza legalizzata di cui è stata lei stessa vittima.

Qui il problema, in un certo senso, è rovesciato: i genitali femminili visti non come un bene da proteggere ma come un obiettivo da devastare, con l'intento di uccidere la reputazione di una donna. È la vendetta più atroce, che colpisce non solo nel corpo ma nell'anima, ideata apposta per spingere una donna a scomparire per sempre o a suicidarsi.

È una storia che risale al giugno del 2002, quando, seguendo una tradizione tribale, Mukhtar dovette pagare per lo "sgarro" compiuto dal fratello Shakoor, di soli 12 anni, la cui colpa fu quella di aver frequentato una ragazza di una casta più alta. Il ragazzo venne sodomizzato, perché si ricordasse in futuro che certe cose non sono tollerate, ma anche lei venne "punita", espiando una vendetta estesa a tutta la famiglia: il consiglio degli anziani decise infatti che doveva subire uno stupro di gruppo. E così fu. Sei uomini la violentarono alla presenza di 200-300 persone, poi venne trascinata nuda nel villaggio.

La cosa agghiacciante è che non si tratta di un caso isolato. Secondo una commissione indipendente per i diritti umani, nel 2004 ben 151 donne pachistane sono state vittime di questi stupri di gruppo decretati dalle leggi tribali. Sono donne che solitamente scappano o si suicidano. Grazie all'aiuto di un imam (queste vendette tribali sono bandite dalla religione islamica), Mukhtar ha trovato la forza di reagire, denunciando i suoi stupratori. Ma la beffa finale è che al processo cinque dei sei uomini che la violentarono sono stati assolti! Il sesto ha avuto la pena di morte commutata in ergastolo.

Un burka anche culturale

Le società che praticano queste atrocità e queste mutilazioni (e molte altre forme di minacce e di "imprigionamento" della sessualità e della libertà femminile) appartengono, certo, al passato, anche se sopravvivono nel XXI secolo. E per fortuna noi siamo lontani anni luce da tutto ciò. Ma sono fatti emblematici di una mentalità e di un atteggiamento che hanno accompagnato per secoli, sia pure in modi diversi e non sempre così violenti, l'emarginazione femminile, tenendo lontana la donna dai circuiti dell'istruzione, della vita professionale e persino dalla partecipazione al voto fino a tempi recentissimi (in Italia le donne votano dal 1947, in Svizzera solo dal 1971 grazie a un referendum che ha rovesciato l'antica ostilità degli uomini: ancora nel 1959 il referendum per il voto femminile in Svizzera aveva dato esito negativo).

Questa repressione ha preso forme molto diverse, a seconda delle culture. Nelle società rurali, povere e meno istruite (che sono proprio quelle in cui lo sviluppo tecnico-economico non ha compiuto la rivoluzione che è avvenuta nei Paesi industrializzati) questa emarginazione della donna è stata più forte e ha portato, in certi casi, persino alla "cancellazione" del volto femminile attraverso il velo o il burka. Praticamente è come tenere sempre in casa la propria moglie, o le proprie figlie da marito: anche quando escono, continuano a essere dentro le mura di casa, "mura" di stoffa che le rendono invisibili e quindi fuori dalla portata di sguardi, occhiate e possibili tresche.

Ma anche nelle nostre società esistono ancora emarginazioni nei confronti della donna, dei "burka" culturali e professionali legati all'antica idea che la donna debba occuparsi della cucina e dei figli, e non mettersi in situazioni in cui il marito non possa più tenerla sotto controllo.

Vorrei raccontarvi in proposito un piccolo episodio di cui sono stato testimone. In un paesino del Suditalia fui invitato a casa di una famiglia che stava preparando le nozze della figlia. Mi fecero vedere i regali, esposti su vari tavoli (con i bigliettini da visita dei donatori). Chiesi cosa faceva la futura sposa e la madre mi disse che studiava all'università, ma che avrebbe smesso, perché il futuro marito, un medico, non voleva che continuasse!... Questo avveniva alla fine degli anni Novanta.

Ho riflettuto sull'episodio, perché in un caso come questo non c'è solo la preoccupazione che una moglie laureata finisca per lavorare fuori casa, che si occupi meno dei figli (e sia eventualmente anche meno controllabile): ma c'è anche il timore che diventando troppo istruita sia meno sottomessa, meno portata ad accettare certe idee o decisioni del marito. Creando così una situazione aperta a possibili conflitti e contravvenendo all'antica regola della "superiorità" dell'uomo (sancita dalla superiorità fisica).

Da sempre, infatti, uomo e donna (come gran parte di maschi e femmine in natura) sono diversi non solo nel sesso ma anche nella stazza. L'uomo è significativamente più grande e più muscoloso, oltre che più aggressivo. È il cosiddetto "dimorfismo", che ha portato alla dominanza maschile in quasi tutte le specie di mammiferi. Nella specie umana questo dimorfismo sessuale si è prolungato nel "dimorfismo professionale e culturale". L'uomo è quello che ha sempre avuto il ruolo prevalente non solo nella famiglia, ma nelle professioni, nelle gerarchie aziendali, nei livelli di istruzione.

In passato molto spesso il matrimonio era per la donna un vero e proprio rito di passaggio che la portava dall'autorità del padre a quella del marito. Nella cerimonia in chiesa è rimasto ancora oggi questo "passaggio" simbolico: è il padre che conduce la sposa all'altare, dove la attende il futuro marito che "la prende in consegna". E ancora oggi è rimasta (anche se meno praticata) la tradizione dell'abito bianco, simbolo di purezza, e spesso anche quella del velo che, volere o no, riecheggia i significati e i valori del velo islamico.

Al di là dei riti, e dei loro significati, quello che è cambiato, profondamente, è il fatto che oggi la donna, e certo anche l'uomo, sono liberi di scegliere chi sposare, senza l'interferenza di genitori, fratelli e parenti. Questo però vale per le società industriali avanzate, ma vale meno (o per niente) per altre società, dove la pressione sulla scelta matrimoniale è ancora molto forte e in certi casi addirittura violenta, come avremo modo di vedere.

L'amore omosessuale

La crescente liberazione che, nelle società avanzate, la rivoluzione tecnologica ha portato con sé, direttamente o indirettamente (reddito più alto, più indipendenza, più istruzione, più democrazia, più diritti, più emancipazione femminile e, in definitiva, più libertà di scelta), ha avuto un riflesso importante anche su un altro aspetto della sessualità, che nel corso della storia è stato fortemente represso: l'amore omosessuale.

L'omosessualità è stata spesso considerata in passato (ma ancora oggi) una perversione, una malattia, un atto contro natura, mentre in realtà corrisponde a una vocazione naturale, insita nella biologia stessa di chi appartiene a questa minoranza. Una minoranza, per la verità, molto cospicua. Indagini fatte in vari Paesi hanno dato risultati sostanzialmente analoghi: 4-5 per cento dei maschi, 2-4 per cento delle femmine. Questo vuol dire una notevole percentuale della popolazione adulta. Fate voi stessi il conto.

In passato si pensava fosse l'ambiente a indurre questo tipo di comportamento, ma molti studi incrociati mostrano che esiste una base biologica. Lo si è visto, per esempio, comparando dei gemelli monozigoti (quelli provenienti da un solo uovo fecondato), cresciuti separatamente, in ambienti diversi: se uno era gay c'era una probabilità del 50 per cento che anche l'altro lo fosse.

Sono persone che, molto spesso, sin dalla prima infanzia mostrano già questa tendenza, per esempio nell'attività ludica, preferendo i giochi e i giocattoli dell'altro sesso.

Naturalmente le situazioni ambientali possono favorire, o meno, la possibilità di esprimere la propria omosessualità.

È molto interessante il fatto che anche tra gli omosessuali esista la stessa differenza che si può osservare tra gli eterosessuali: i maschi tendono ad avere moltissimi partner, anche centinaia, mentre le donne lesbiche tendono ad avere poche compagne, una decina nell'arco della vita, secondo alcune ricerche. Esiste cioè anche qui una tendenza alla "poligamia" da parte dei maschi e alla "monogamia" da parte delle femmine.

Anche per loro, dicevamo, l'amore comporta esattamente gli stessi sentimenti e le stesse emozioni degli eterosessuali: innamoramento romantico, eccitazione, passione, crisi profonda in caso di tradimento o di abbandono ecc.

La grande differenza è che tutti questi amori non sono destinati alla riproduzione. E qui c'è un mistero. Se la storia dell'evoluzione è tutta orientata a selezionare gli individui che hanno maggiori capacità di riprodursi, come mai l'omosessualità permane e riappare, di generazione in generazione? Va detto, tra l'altro, che l'omosessualità è presente non solo nella specie umana, ma anche nel mondo animale.

Non c'è una risposta, per ora, a questa domanda. Si sono fatte varie ipotesi. Una è che questo particolare carattere genetico sia legato a qualche altro gene "vantaggioso" che compensi lo svantaggio della non riproduzione. Ma non esiste alcuna prova in proposito. Un'altra ipotesi è che gli individui omosessuali si riproducano, sia pure parzialmente, attraverso i fratelli (con cui hanno mediamente il 50 per cento di geni in comune) e che la natura abbia affidato loro un ruolo di supporto per il gruppo: è quella che viene definita *"kin selection"*, cioè la selezione che favorisce i consanguinei. Ma anche questa è solo un'ipotesi.

Resta il fatto che, malgrado molte difficoltà e incomprensioni, l'omosessualità sta ritrovando oggi quel diritto di esistere che da sempre le è stato negato.

VIII
La ricerca del partner

L'altra metà della mela

Chi progetta di sposarsi, metter su famiglia e procreare, spera di poterlo fare con un partner ideale: con "l'anima gemella", o qualcuno che le assomigli il più possibile.

La ricerca del partner è certamente un punto cruciale per costruire il proprio futuro.

Come trovare l'"anima gemella?". Decidere qual è la persona giusta con la quale legarsi tutta la vita, generare e allevare figli, volersi bene e invecchiare insieme è una scelta estremamente impegnativa. È anzi la scelta più impegnativa della vita, se la si prende sul serio. Perché ogni giorno, ogni notte, per tutto l'anno e per tutti gli anni sarà quella la persona con cui si dovrà parlare, ragionare, portare avanti progetti, oltre che fare l'amore, passare le serate, trascorrere le vacanze, ridere e fare sacrifici.

Va detto che, in confronto alle altre scelte che facciamo nella vita, questa è certamente di tipo anomalo. Infatti, quando dobbiamo scegliere un aspirapolvere, una scatola di biscotti o un'automobile, possiamo sentire il parere di esperti, fare una prova diretta, leggere le istruzioni, valutare il contenuto, avere uno scontrino di garanzia ecc. Soprattutto possiamo scegliere tra una gamma vastissima di prodotti.

Per la scelta del partner, invece, non è così. Non si conoscono bene i contenuti, non si ha uno scontrino di garanzia ed è difficile fare una prova diretta (anche se oggi, proprio per questa ragione, molti convivono per un certo periodo prima di sposarsi).

Il fatto curioso è che anche qui, in teoria, esisterebbe una vasta gamma di candidati con le caratteristiche adatte: decine, forse persino centinaia di persone, che però... non si conoscono. Persone che abitano magari nella stessa città, o in una città vicina, o in altre parti del Paese, ma che non si sono mai incontrate. Alcune di queste potrebbero essere addirittura quella famosa metà della mela che si cerca e permetterebbe di creare una coppia perfetta. Ma rimarranno per sempre degli sconosciuti, perché fuori dalla cerchia delle persone che si conoscono o si frequentano.

I matrimoni combinati

In passato erano le famiglie a combinare i matrimoni, in base a regole di convenienza e di interesse. Ancora oggi è così in molti Paesi. In certi casi, addirittura, gli sposi si incontrano per la prima volta il giorno stesso delle nozze, come succede per esempio in taluni matrimoni in India. Solo quando la sposa alza il velo, il marito può finalmente vederla. I due si conoscevano solo attraverso le descrizioni e i commenti fatti da amici e parenti, o attraverso qualche sbirciatina di nascosto.

Del resto è stato così anche in Europa fino all'Ottocento per i matrimoni reali, combinati per interessi di Stato, con lo scambio a distanza di ritratti e miniature (non sempre fedeli...).

Poteva accadere che questi matrimoni riuscissero bene, con la nascita dell'amore: in altri casi, invece, la coppia reale stava insieme solo per l'immagine pubblica, ma ognuno aveva altri interessi e spesso altri incontri (sebbene a quel tempo non esistessero i teleobiettivi, la stampa scandalistica e le biografie "non autorizzate"...).

Gli antropologi ritengono che il ruolo della famiglia, o delle istituzioni, nella scelta matrimoniale sia significativamente collegato al livello evolutivo di una società. In particolare, con l'introduzione dell'agricoltura e della proprietà della terra, sposarsi è diventato un importante affare di famiglia, con strategie per l'unione di patrimoni e la nascita di alleanze e convenienze.

Ancora oggi, non solo in India ma in molti Stati musulmani e nell'Africa sud-sahariana, si ritiene che addirittura il 50 per cento dei matrimoni sia in qualche modo organizzato dai genitori. Nelle società industriali, con l'emancipazione femminile e la diffusione del lavoro fuori casa, le cose sono cambiate: oggi la reciproca attrazione e l'amore sono fondamentali per la scelta matrimoniale. Secondo una ricerca realizzata negli Stati Uniti, l'86 per cento degli uomini e il 91 per cento delle donne rifiuterebbero di sposare qualcuno che non amano. Al di là delle cifre, sempre opinabili, è senza dubbio questo l'orientamento in tutte le società economicamente sviluppate: unirsi per la vita, e fare figli con qualcuno che non si ama equivale un po' a una condanna all'ergastolo amoroso, e comunque l'inizio di un percorso molto difficile. I soldi sono importanti, ma la propria vita lo è altrettanto, forse di più. Soprattutto se una società offre opportunità di lavoro e quindi di indipendenza (cosa impensabile nelle società contadine o nomadi del passato).

Ma come si arriva oggi al matrimonio? Come avviene l'incontro fatale tra due giovani?

Una mareggiata di single

Come si sa, è spesso il caso che fa incontrare due persone: a casa d'amici, sul luogo di lavoro, a una festa, in vacanza. È così che nascono flirt, relazioni, fidanzamenti e matrimoni.

Non è detto, però, che questo incontro avvenga sempre, o che avvenga con la persona giusta, quella da sposare. Infatti oggi il numero dei single è molto elevato: alcuni lo sono per scelta, familiare o personale, altri perché sono separati o divorziati. Ma altri lo sono proprio perché non sono riusciti a trovare l'altra metà della mela. Perché le mele erano poche. O perché quelle giuste erano già impegnate. Oppure perché quelle che rimanevano erano delle pere... Timidezza, riluttanza a prendere iniziative, mancanza di occasioni adatte hanno fatto il resto.

Un dato recente dice, per esempio, che negli Stati Uniti ci sono oltre 80 milioni di single sopra i 18 anni: 46 milioni di donne e 38 milioni di uomini. Naturalmente, in questa moltitudine sono presenti le situazioni più disparate: ma ci sono anche moltissime persone che desiererebbero sposarsi, o risposarsi, o avere un partner stabile (secondo certe stime il 25 per cento del totale). Dove trovarlo, però?

Non è molto pratico infilarsi un fiore dietro l'orecchio come si fa in Polinesia, o mettere una pianta di basilico alla finestra, come avviene in certi Paesi per segnalare che in casa c'è una ragazza da marito. Tuttavia, in questi ultimi tempi, sono nate molte iniziative rivolte ai single. Da anni esistono, per esempio, club di "cuori solitari" che organizzano cene e gite per creare occasioni di incontri e conoscenza, e il loro numero è in aumento. Ma in tempi più recenti è nata una nuova formula molto originale, anche se un po' sconcertante: quella del "7 × 8".

È così che era stata chiamata inizialmente, quando fu sperimentata in una comunità ebraica di Los Angeles. Ecco di cosa si tratta.

Il "7 × 8"

Le persone interessate a questa iniziativa si prenotano e si ritrovano in un bar riservato. Uomini e donne sono in egual numero e ognuno riceve un cartellino con una sigla. Le donne sono sedute e a turno gli uomini si spostano da un tavolo all'altro. Ogni coppia così formata rimane insieme per soli 8 minuti: durante questo tempo i due si presentano, parlano, cominciano a conoscersi, sia pur superficialmente. Al termine del colloquio ognuno scrive su un formulario qualche annotazione e impressione. Nel frattempo gli uomini cambiano di posto e tutto ricomincia da capo con un nuovo partner.

I tavoli sono 7, per 8 minuti di conversazione. In poco più di un'ora, quindi, ognuno ha avuto modo di incontrare 7 persone e di farsi di loro una prima idea. È vietato scambiarsi numeri di telefono. Solo se dalle note scritte risulta un giudizio positivo da entrambe le parti gli organizzatori informano gli interessati, fornendo loro i rispettivi numeri telefonici. Il reciproco gradimento significa infatti che esiste un interesse a rivedersi. Per conoscersi meglio.

Questa formula presenta numerosi vantaggi. 1) Apre la porta a nuove conoscenze, in particolare con persone selezionate e anch'esse desiderose di creare legami. 2) I candidati vengono scelti per fasce di età, quindi per formare coppie compatibili. 3) Il livello socio-culturale è anch'esso compatibile. 4) In quegli 8 minuti può emergere una prima valutazione su certe caratteristiche: l'aspetto fisico, ma anche segnali significativi riguardanti la personalità, il livello educativo, il modo di parlare. 5) L'atmosfera è quella di un gioco e permette quindi di evitare il disagio che potrebbe crearsi in un colloquio a tu per tu. 6) Questi incontri non comportano alcun coinvolgimento: saranno gli organizzatori, in seguito, a segnalare il successo di eventuali abbinamenti. 7) Solo le persone che hanno manifestato il desiderio di un nuovo incontro possono rivedersi.

Distinguere tra i candidati

Questa formula, nata a Los Angeles alla fine degli anni Novanta, ha avuto rapidamente fortuna e si è diffusa in seguito in tutti gli Stati Uniti, in Inghilterra e poi nel resto d'Europa, con la denominazione *speed dating*, cioè appuntamenti veloci. È stata descritta anche in certi telefilm (come nella famosa serie televisiva "Sex and the City"). Gli annunci oggi vengono fatti anche via Internet e sono sorte molte agenzie che organizzano incontri di questo genere. Ma si può giudicare una persona a prima vista?

È ovvio che non è facile distinguere tra candidati che utilizzano questo sistema semplicemente per "agganciare" e candidati che invece cercano veramente qualcuno con cui costruire un rapporto solido e possibilmente profondo. Ciò, del resto, avviene in qualsiasi incontro tra uomo e donna, non solo in questa situazione. Ma ben presto si capiscono le vere intenzioni. Va detto, comunque, che chi cerca semplicemente un'avventura ha oggi a disposizione altri canali, anche su Internet, molto più semplici e diretti, con persone più disponibili, senza che sia necessario travestirsi da cuore solitario e faticare per dirottare su una strada diversa (quella che porta alla "sveltina" e alla camera da letto) una persona che ha in mente ben altro.

Per valutare l'utilità di questa formula (o delle sue analoghe derivazioni), bisogna quindi mettersi nella prospettiva di chi intende usarla come uno strumento per conoscere nuove persone, per allargare il proprio orizzonte e vedere se tra tutte queste ce n'è una che può illuminare la propria vita. Se questa luce sarà durevole, e se emanerà quel calore di cui si ha bisogno, non è facile capirlo subito: è però una opportunità che si apre.

Un viso è come la copertina di un libro: può suscitare la voglia di sfogliarlo (oppure di riporlo subito nello scaffale). Ma solo cominciando a leggerlo ci si rende conto se vale la pena di continuare oppure no.

Un intrigante gioco di carte

Questo sistema ha naturalmente un inconveniente (in comune, del resto, con tanti altri incontri): i dialoghi sono in genere molto superficiali. Si parla del più e del meno e si ha difficoltà ad andare al di là di discorsi banali e generici. Per timidezza, oppure perché appare poco opportuno fare domande più approfondite, si finisce per non affrontare argomenti che permetterebbero invece di "leggere" meglio chi si ha di fronte, di conoscerne meglio le idee, il modo di essere, la personalità.

Proprio per questo il professor Arthur Aaron, psicologo alla Stony Brook University, in New Jersey, ha pensato di mettere i candidati in una situazione particolare che li obblighi a farsi domande molto personali, ponendo sul tavolo uno speciale mazzo di carte. I due partecipanti all'incontro (un incontro, stavolta, di un'ora e mezzo) debbono, a turno, rispondere alle domande contenute in queste carte. Un po' come avviene in quei giochi di società a quiz, le domande sono numerose e pensate in modo da creare un percorso che permetta di alzare il sipario sulla loro vita, le loro esperienze, le gioie e i dolori affrontati, le speranze, le delusioni, le vicende personali.

Nessuno dei due si sarebbe mai permesso di entrare in questo modo nella vita dell'altro, ma siccome è un meccanismo esterno a guidare il gioco non si sentono responsabili dell'intrusione. Semplicemente, in quanto giocatori, seguono le regole.

I risultati, secondo il professor Aaron, sono molto interessanti, perché i due interlocutori cominciano gradualmente a costruire un rapporto. A un certo punto arrivano anche a farsi delle confidenze e a raccontarsi cose neppure previste dalle domande scritte sui cartoncini. Una delle scoperte di questi esperimenti è che, quando due persone debbono svolgere insieme un compito, entrano in una situazione di maggiore collaborazione e intimità. L'agire fianco a fianco fa cadere quel diaframma che di solito divide due estranei.

Un'altra cosa importante è scoprire che l'altro prova interesse per noi. Avere di fronte una persona che ci ascolta, che è partecipe delle nostre vicende, che condivide certe emozioni crea un rapporto molto più intenso. E se si trova comprensione nell'altro, comincia a nascere un'atmosfera di fiducia. Il "gioco" termina con una richiesta insolita e anche abbastanza imbarazzante: i due candidati debbono guardarsi in silenzio negli occhi per tre minuti...

Dice il professor Aaron che i partecipanti all'esperimento, interrogati alla fine dell'incontro, molto spesso affermano di aver raggiunto un livello di intimità paragonabile a quello che hanno con le persone che conoscono meglio.

Gli annunci matrimoniali

Il desiderio di trovare un partner cercandolo fuori dalla ristretta cerchia delle proprie conoscenze è molto antico. Ma con l'arrivo dei giornali e degli annunci economici si è aperta sin dall'Ottocento una nuova fase e tantissime persone hanno potuto usare questi annunci come una sorta di messaggio in bottiglia. Permane tuttavia una certa riluttanza a ricorrere a questo tipo di inserzioni, perché si ha l'impressione di mettere i propri sentimenti sullo stesso piano delle auto usate o della compravendita di appartamenti. Molti comunque si lasciano tentare.

È forse poco noto, ma una delle donne più ammirate e amate

della Belle Èpoque si sposò proprio attraverso un annuncio economico: Mata-Hari, la celebre danzatrice fucilata per spionaggio a Parigi nel 1917. La sua fu una vita molto movimentata, piena di successi teatrali, di lusso, di amanti ricchissimi, ma anche di drammi. Tutto cominciò con un annuncio matrimoniale, apparso su un giornale olandese, a Leeuwarden. Mata-Hari, che si chiamava in realtà Margaretha Geertruida Zelle, aveva allora 18 anni, e una gran voglia di uscire dalla sua cittadina di provincia. L'annuncio diceva: "Capitano dell'esercito reale delle Indie, di passaggio in Olanda, relazionerebbe scopo matrimonio".

Si trattava di uno scherzo orchestrato dagli amici del capitano che desideravano porre fine al suo lungo celibato. Quando si vide arrivare le lettere di aspiranti fidanzate, il capitano Rudolph McLeod si infuriò. Ma una di esse conteneva la fotografia di una bellissima ragazza, Margaretha. La tentazione di incontrarla fu troppo forte. E fu un colpo di fulmine. Malgrado i vent'anni di differenza, qualche mese più tardi Mata-Hari indossò l'abito bianco e partì con il suo capitano per Sumatra, iniziando così un lungo e tormentato percorso che doveva portarla dopo qualche anno alla separazione, poi al successo e infine di fronte al plotone d'esecuzione.

Ma cosa c'è dietro questi annunci matrimoniali? Di tutto. Incontri interessanti, altri sbagliati, unioni riuscite e altre fallite. Accanto a coloro che desiderano trovare un partner per la vita, ci sono altri che cercano soltanto una partnership utilitaristica, altri ancora che probabilmente lo considerano uno strumento per "rimorchiare". È anche per questa ragione che molti sono riluttanti a mettersi in contatto con persone sconosciute, senza sapere chi sono e quali sono le loro reali intenzioni.

Negli ultimi anni hanno conosciuto un successo crescente le agenzie matrimoniali, proprio perché vengono viste come un filtro, una specie di consulente di fiducia in grado di tutelare maggiormente chi si incammina su questa strada, eliminando i candidati non adatti e proponendo solo quelli con le caratteristiche giuste. Queste agenzie sono ormai varie centinaia, sparse in tutta Italia. Molte operano anche online. Come funzionano?

Le agenzie matrimoniali

I clienti forniscono i dati essenziali e le loro preferenze. Più dati forniscono, più la loro scheda si arricchisce, in vista di abbinamenti il più possibile calzanti. Lo scopo infatti è quello di trovare, con l'aiuto di appositi software, affinità tra due profili in cui compaiano età, livello educativo, situazione economica, tipo di lavoro, aspetto fisico, statura, regione d'origine, stile di vita, carattere, precedenti matrimoni e anche eventuali figli: tra i clienti, infatti, ci sono parecchi separati e divorziati. Non tutti intendono (o possono) sposarsi ufficialmente, ma desiderano comunque legarsi in un'unione stabile.

Mettere insieme tutti questi elementi per individuare due profili che combacino non è facile. Del resto, una volta trovata la combinazione giusta, che corrisponde alle richieste di entrambi, non è detto che si verifichi la reazione chimica necessaria perché si formi davvero una coppia. Troppe incognite e sfumature possono trasformare in un insuccesso quello che sulla carta sembrava un abbinamento perfetto.

Cosa avviene in pratica quando una persona decide di rivolgersi a un'agenzia matrimoniale? Entrando viene messo a suo agio da un incaricato che nel corso di un colloquio orientativo spiega quali sono le regole del gioco: per una somma di poco inferiore ai mille euro, verranno segnalati nell'arco di dodici mesi vari candidati, corrispondenti alle caratteristiche richieste.

L'agenzia richiede al cliente due documenti: la carta d'identità e lo stato civile (quest'ultimo molto importante per conoscere la sua reale situazione familiare). Dopodiché il cliente deve riempire due formulari: in uno descrive se stesso (età, titolo di studio, professione e un'autopresentazione riguardante le sue caratteristiche personali, le preferenze culturali, le inclinazioni, gli hobby ecc.), mentre nell'altro descrive il tipo di persona che cerca.

Quale pubblico si rivolge a un'agenzia matrimoniale? Persone di ogni classe sociale. È molto presente la fascia d'età compresa tra i 45 e i 65 anni, ma ci sono anche giovani di 24-25 anni.

I casi singoli naturalmente sono molto diversi, ma due tipologie sono ricorrenti: persone che per lavoro si sono trasferite in un'altra città, dove hanno poche conoscenze, e persone invece rimaste sole, spesso dopo una separazione, e che desiderano riprendere una vita a due. Gli uomini, in particolare, dopo essersi separati sono più in difficoltà nella solitudine della casa e cercano una compagna per ricreare un nuovo sodalizio. Da questo punto di vista le donne, invece, sono più indipendenti.

Il ruolo di un'agenzia seria è anche quello di scartare i clienti che chiaramente hanno scopi diversi: se un signore di 62 anni cerca una ragazza di 20, evidentemente è meglio che si rivolga altrove. E così pure chi cerca semplicemente, attraverso il matrimonio, l'ottenimento di una cittadinanza.

Le caratteristiche più richieste

Ma quali sono le caratteristiche più richieste? La bellezza non è un requisito prioritario (conterà però molto al primo incontro): in questa fase preliminare sono importanti piuttosto il titolo di studio e la professione, che sono due indiretti indicatori dello status sociale ed economico. E l'età, naturalmente.

Nei loro formulari gli uomini in genere indicano la preferenza per donne più giovani, di animo gentile (e possibilmente carine). Le donne invece cercano uomini più anziani, con una posizione economica solida. Anche le donne benestanti cercano un uomo ricco. E di statura alta. Emergono qui, in trasparenza, alcuni dei caratteri tipici favoriti dall'evoluzione di cui abbiamo parlato e che sono sopravvissuti nella scelta istintiva, malgrado abbiano perso molto dei loro significati originali: il dimorfismo sessuale (cioè uomini più grandi e donne più piccole), la ricerca da parte dell'uomo della giovinezza e della bellezza (indicatori di fertilità e buona salute), la gentilezza (cioè la sua sottomissione). Da parte della donna la ricerca di protezione: la statura alta, l'esperienza, una solida posizione e di conseguenza un partner con qualche anno in più. C'è poi un altro tratto ricorrente: l'appartenenza a una stessa cultura, con valori di riferimento comuni.

Che le donne preferiscano uomini maturi anziché giovani emerge anche da ricerche condotte dai professori Jannini e Cellerino, presso le Università dell'Aquila e di Pisa, dove 100 infermiere, di età compresa tra i 35 e i 40 anni, osservando dei bei visi di giovani ventenni ricostruiti al computer hanno mostrato scarso interesse per il volto di quei ragazzi. Alla domanda: "Con chi passereste una notte? Con chi la vita?", quasi tutte si sono rifiutate di rispondere. Quei visi giovani erano considerati poco attraenti sia sul piano sentimentale sia su quello sessuale.

Naturalmente l'esatto contrario si è verificato quando erano i maschi a giudicare i visi femminili. In questo caso, la giovinezza era considerata un elemento indispensabile. Come mai?

Successo e attrazione

Molti studi, fatti in varie parti del mondo, mostrano che ovunque gli uomini di successo economico, professionale o anche tribale (e quindi uomini più avanti con gli anni) sono preferiti come partner nel matrimonio. E, non a caso, in tutte le culture i figli degli uomini di successo hanno un più basso indice di mortalità. Lo si è visto sia nei gruppi pastorali del Kenya sia negli indios Yanomano dell'Amazzonia. Questo avviene anche nelle società in cui il tasso di mortalità è basso.

Uno studio di David M. Buss della Texas University di Austin, realizzato su 10.000 persone di 37 differenti culture sparse nei cinque continenti, conferma decisamente il fatto che certe qualità come "buona prospettiva finanziaria, industriosità e ambizione" sono importanti in ogni cultura, molto più dell'età.

Da sempre, del resto, gli uomini per corteggiare una donna esibiscono non solo le loro qualità fisiche e intellettuali, ma anche le loro possibilità economiche. Regali, cene, fiori fanno parte del repertorio classico. E più i regali sono costosi, più si spera aumenti l'effetto desiderato. Ed è probabilmente proprio questa prospettiva di avere più successo come partner una delle potenti molle che spingono l'uomo a darsi da fare per conquistare una posizione.

Dall'indagine di Buss è inoltre emerso che la gentilezza, la comprensione e l'intelligenza sono molto apprezzate dalle donne, sempre però riferite a un individuo con le potenzialità di diventare un uomo di successo.

Va detto che un uomo di successo, tra l'altro, diventa anche più attraente, più ammirato e in un certo senso più "bello". Il successo, economico o professionale, amplifica cioè l'attrazione.

Se Arthur Miller fosse stato un ignoto autore di lavori teatrali, e non un commediografo di grande fama, probabilmente Marilyn Monroe non l'avrebbe trovato tanto attraente e non l'avrebbe mai sposato. E neppure avrebbe sposato il precedente marito, Joe Di Maggio, se fosse stato un oscuro giocatore di serie C e non una star del baseball americano.

Ci si innamora non solo della persona, ma del personaggio. Lo si vede come il cavaliere che vince i tornei, l'uomo che si desidera avere al proprio fianco perché irradia prestigio, dà sicurezza, aumenta il proprio "status". La fama, oltre alla ricchezza, trasfigura l'immagine fisica dell'uomo, la trasferisce su un altro piano, le conferisce un alone magico. È questo che rende così attraenti i cantanti di successo, gli attori, i presentatori, i campioni sportivi. Sono dei "miti", uomini di cui ci si può innamorare, anche se non sono particolarmente belli. Se Francesco Totti facesse il panettiere o Vasco Rossi il salumiere avrebbero lo stesso successo con le donne?

Ma anche Gianni Agnelli, al cui fianco moltissime donne avrebbero amato essere, avrebbe avuto lo stesso fascino se fosse stato un benzinaio?

Questa attrazione per l'uomo di successo si estende, in una certa misura, anche a chi è diventato un personaggio potente, un leader, un "uomo arrivato". Il metro più semplice per misurare il successo è naturalmente la ricchezza. In passato erano i principi (azzurri o no) a essere i più ricchi, quelli che avevano il cavallo bianco e il castello: oggi ci sono principi di altro tipo, delle finanze, dell'industria, del settore immobiliare. E anche qui, sia pure in minor misura, il successo rende un uomo più attraente: è la bellezza del vincitore, dell'uomo che ha vinto i tornei e conquistato il drappo, del personaggio al cui fianco una donna può ritrovare l'equivalente del cavallo bianco e del castello.

In una versione meno poetica, si sa che un uomo con potere o ricchezza può offrire una vita molto più agiata e protetta, uno status più elevato e quelle soddisfazioni che solo i soldi possono garantire.

Questo vale naturalmente a ogni livello: il "buon partito" è sempre stato, lungo tutta la scala sociale, quel gradino in più che permetteva di salire di quota. Ed è sempre stata, in particolare, un'aspirazione dei genitori. Oggi i giovani mettono in primo piano, molto più che nelle generazioni precedenti, il rapporto d'amore: forse anche perché certi problemi basilari di sopravvivenza e di protezione sociale sono stati risolti.

Ma non è così ovunque. Il desiderio di una relazione intima ed emotivamente soddisfacente (cioè di un rapporto d'amore) risulta più diffuso nelle società occidentali, tra le classi medie e alte, mentre in altre culture le donne sono più orientate a occuparsi dei figli e a risolvere i problemi quotidiani che a sviluppare rapporti emotivi con i propri mariti.

Un'antica impronta cerebrale

Ma nella scelta del partner, al di là delle qualità intellettuali, del potere economico e del successo professionale, fanno capolino anche certe antiche preferenze fisiche. Una ricerca condotta da B.K. Barber ha confermato che molte donne rispondono all'antico istinto di essere protette, preferendo un partner più alto della media, muscoloso (ma non troppo), con le spalle un po' più larghe delle anche, un largo sorriso, un mento pronunciato e zigomi prominenti, tutti indicatori di un elevato livello di ormoni maschili. Oggi, come abbiamo visto in precedenza, piacciono anche i visi di uomini più femminilizzati, perché collegati all'idea di gentilezza e comprensione. Ma certi studi, come quello di Penton-Voak, hanno mostrato che anche le donne con queste preferenze al momento dell'ovulazione tornano a preferire d'istinto uomini con tratti decisamente mascolini. Un'altra indicazione di quanto gli ormoni "contino" nelle nostre scelte estetiche.

Queste ricerche mettono in evidenza l'antica "coabitazione" nel cervello umano di genetica e ambiente, cioè di istinti e cultura, che prevalgono uno sull'altro a seconda delle situazioni. È proprio per questa ragione che, a volte, avvertiamo da un lato "pulsioni" istintive che ci spingono ad agire (o a reagire) in un certo modo, e dall'altro invece la pressione dell'educazione e dei valori che ci porta ad agire altrimenti. Il fatto è che l'evoluzione ha costruito i nostri comportamenti in funzione di modelli arcaici di sopravvivenza, adatti a situazioni molto diverse da quelle attuali: oggi i cambiamenti avvenuti grazie allo sviluppo culturale, economico, tecnico-scientifico hanno trasformato radicalmente il contesto in cui viviamo. Ma nelle profondità del nostro cervello sono sempre presenti quelle antiche "impronte" lasciate dall'evoluzione biologica, che premono per dare risposte istintive anche quando non sono più necessarie (o addirittura sono in contraddizione con la nuova situazione ambientale).

La coda del pavone

E, a proposito di amore ed evoluzione, c'è una teoria molto interessante, che già Charles Darwin aveva anticipata nel 1871. Vale la pena di parlarne brevemente, perché ci fa vedere la questione della scelta del partner sotto un profilo insolito.

Il punto di partenza è il pavone. A cosa serve quella sua bellissima ma ingombrante coda? Dal momento che la selezione è come un setaccio che premia con la sopravvivenza tutti i modelli più efficienti, come mai la selezione ha premiato un modello così poco efficiente per il volo? La risposta è, naturalmente: perché quella bellissima coda è un ornamento destinato ad attirare le femmine, mostrando loro quanto il suo proprietario sia perfetto e sano, quindi adatto all'accoppiamento. Sono molti, del resto, gli uccelli che presentano "livree" di grande bellezza con colori vivaci e piume straordinarie. Ornamenti che non hanno alcuna utilità per difendersi dai predatori (anzi) o per procurarsi cibo, allevare la prole, migliorare le prestazioni del volo ecc. Sono utili soltanto per vincere la più importante delle competizioni in natura: quella per riprodursi e sopravvivere nella discendenza.

Per questa ragione già Charles Darwin propose una distinzione tra selezione naturale (destinata alla sopravvivenza nell'ambiente in cui si vive) e selezione sessuale (destinata appunto alla riproduzione). Questa selezione sessuale può condurre, come nel caso del pavone, a caratteristiche stravaganti, che comportano inconvenienti e costi, ma che sono utili per altri scopi.

Anche nella specie umana esistono ornamenti di tipo "culturale" che non servono per la sopravvivenza, ma che sono utili per gareggiare in bellezza, ai fini di vincere i tornei per la riproduzione. Tutte le società hanno prodotto in gran quantità queste "code di pavone" artificiali, sia per i maschi sia per le femmine: in Africa dischi di legno per le labbra, in Nuova Guinea ossa per il naso, in Birmania anelli per le "donne giraffa", in Cina pratiche per miniaturizzare i piedi, e ovunque piume e tatuaggi. E poi abiti fastosi, pettinature, tinture, smalti per le unghie, cosmetici, nastri colorati. E inoltre chirurgie plastiche per nasi, bocche, seni, natiche, oltre che trapianti di capelli.

In questo caso, naturalmente, si tratta di ornamenti prodotti dalle tradizioni culturali; ma la specie umana possiede anche degli "ornamenti" naturali, prodotti dalla selezione biologica?

Il corteggiamento e lo sviluppo della mente

I biologi che studiano l'evoluzione si sono interrogati a lungo, in passato, sul perché nella specie umana si siano sviluppate certe caratteristiche che non costituiscono un vantaggio apparente per la sopravvivenza.

In un suo libro (*The Mating Mind*, tradotto in italiano con il titolo *Uomini, donne e code di pavone*, Einaudi, 2002) Geoffrey Miller cerca appunto di rispondere a questa domanda, estendendo l'idea di Darwin a varie qualità umane che non offrono questo vantaggio per la sopravvivenza: per esempio l'arte, il senso dell'umorismo, la creatività, l'innamoramento. E suggerisce che tutto ciò abbia invece costituito un vantaggio nel corteggiamento e quindi nella riproduzione.

In altre parole, così come il pavone corteggia con la coda colorata, analogamente l'uomo corteggia con la poesia, la musica, l'arte, il senso dell'umorismo ecc.

Queste qualità sarebbero state vincenti nella conquista del cuore delle donne (specialmente di quelle più sensibili e intelligenti) e si sarebbero così affermate nel corso dell'evoluzione, grazie alla trasmissione genetica.

Il corteggiamento sarebbe stato, insomma, un banco di prova che selezionava i maschi più dotati di questi talenti, creando così una pressione selettiva che rafforzava tali caratteri nella discendenza. Ciò spiegherebbe, secondo Miller, perché la mente umana abbia conosciuto un'accelerazione tanto rapida e inusuale nel corso dell'evoluzione.

Ancora oggi le persone intelligenti, creative, con il senso dell'umorismo, tendono a sposarsi tra loro. Con una differenza importante, però: oggi fanno pochi figli, rispetto agli altri, quindi lasciano meno discendenti. Mentre in passato facevano molti figli e queste qualità erano un jolly che offriva alla loro prole maggiori probabilità di riprodursi (e perciò di diffondersi).

È una teoria che negli ultimi anni ha trovato numerosi sostenitori, anche se va detto che molti di questi talenti, in realtà, erano utili non solo ai fini del corteggiamento, ma anche per altri aspetti della vita individuale e sociale. Perciò entravano non solo nella selezione sessuale, ma anche in quella naturale.

Tutto questo, comunque, è molto interessante per capire come l'amore sia stato davvero un motore potente per l'evoluzione della nostra specie.

IX
L'attaccamento

Attrazioni teleguidate

Come abbiamo visto, per fare in modo che si formino di continuo delle coppie (e che facciano l'amore insieme) esistono due fortissimi attrattori: l'innamoramento e la sessualità. Sono due forze irresistibili, che provocano l'accensione di parti diverse del cervello e creano attrazioni "teleguidate".

Non si capisce bene cosa succede nella mente umana quando un individuo si innamora: il risultato, però, è che quella certa persona entra nel cervello, prende possesso dei luoghi, occupa tutti i pensieri, si impadronisce delle leve delle emozioni, creando gioie e ansie, e modificando profondamente il comportamento e il modo di essere. La sessualità, dal canto suo, preme con la leva fatale dell'eccitazione che, così come avviene in natura da milioni di anni, attrae i corpi in un sistema irrefrenabile di gravitazione universale.

Innamorarsi e fare l'amore sono però soltanto la prima parte del percorso: rappresentano certamente il lato più piacevole dell'unione a due, ma sono solo la premessa per una terza fase, molto più difficile e complessa: quella dell'allevamento dei figli. Perché è questo il naturale completamento del ciclo vitale, un ciclo che prevede, come in una corsa a staffetta, che ognuno passi la fiammella della vita alla propria discendenza, agendo perché essa, a sua volta, riesca a fare altrettanto. È del resto questa la regola vincente in natura: non basta riprodursi, ma bisogna fare in modo che anche la propria prole si riproduca, altrimenti ci si estingue.

Ed entriamo qui, appunto, nella terza parte del discorso: quella che riguarda il "cemento" che deve tenere insieme la coppia, così da metterla in grado di svolgere questo compito fondamentale. All'innamoramento e alla sessualità deve infatti seguire la fase dell'"attaccamento". È così che viene definito quell'insieme di ingredienti capace di formare veramente una coppia, tenendola unita a lungo e in armonia.

Anche qui i biologi hanno scoperto che una particolare sostanza chimica accompagna il legame di coppia: l'ossitocina. Se l'innamoramento è caratterizzato da alta dopamina con bassa serotonina, e la sessualità da un alto tasso di testosterone, l'attaccamento sembra essere collegato a un innalzamento dell'ormone ossitocina nel cervello.

È un ormone che molte partorienti conoscono bene, perché è somministrato per indurre il travaglio, o per accelerarlo. È infatti questa sostanza a provocare le contrazioni uterine; successivamente stimola la produzione del latte e il legame con il neonato. È rilasciata anche durante l'orgasmo, sia nell'uomo sia nella donna.

Un modello perfetto di monogamia

Una ricerca del dottor Larry Young della Emory University di Atlanta, finanziata dal National Institute for Mental Health, ha effettuato osservazioni molto interessanti sulle arvicole, piccoli topi di campagna. Si tratta di animali strettamente monogami e che rappresentano uno dei rari esempi di mammiferi che vivono in coppia fissa per tutta la vita. L'accoppiamento non avviene con facilità: la femmina, per diventare sessualmente attiva, ha bisogno di un periodo di esposizione al maschio di circa ventiquattr'ore. Cioè le occorre un certo tempo per "riscaldarsi". Ma quando si arriva all'accoppiamento, questi topolini formano una coppia permanente, non cercano più altri partner e diventano genitori attenti e amorevoli. Addirittura, se il maschio muore la femmina rimane una vedova fedele.

Il dottor Young ha scoperto che nel cervello di queste arvicole esistono dei circuiti cerebrali, sia nel maschio sia nella femmina, caratterizzati dalla presenza di numerosi recettori per l'ossitocina e la vasopressina. E che è proprio questo sistema ormonale che regola la formazione della coppia fissa.

Una riprova si è avuta studiando un altro tipo di arvicola, un topolino di montagna, parente molto stretto del topolino di campagna. È simile geneticamente al 99 per cento, ma si comporta in modo opposto: non è interessato a formare coppie fisse e le sue relazioni sessuali sono del tipo da "una sola notte".

Partendo da questi due modelli così diversi, sono stati compiuti molti esperimenti. Si è provato, per cominciare, a bloccare nei topolini monogami il rilascio di ossitocina e vasopressina e si è visto che la sessualità di questi animali così monogami cambiava, diventando simile a quella libertina dei loro cugini di montagna. Inversamente, iniettando a questi ultimi ossitocina e vasopressina si è osservato che anch'essi modificavano il comportamento e dimostravano una tendenza alla stabilità sessuale, preferendo il primo partner scelto.

Altri esperimenti fatti su mammiferi hanno mostrato cose ancora più interessanti: per esempio, che se si blocca il rilascio naturale di ossitocina le femmine di pecora e di ratto rifiutano i loro piccoli. Inversamente, se si inietta ossitocina in una femmina vergine di ratto, essa si avvicina a un piccolo non suo mostrando un comportamento protettivo e amorevole, come se fosse la vera madre. In sostanza, togliendo o aggiungendo ossitocina si può agire in profondità su certi comportamenti di base come la monogamia e le cure parentali. Perché avviene questo?

Un campo nuovo di indagine

È un campo nuovo, ancora da esplorare, nel quale si possono fare solo ipotesi e che tocca il funzionamento di base di certe reazioni istintive. L'ipotesi del dottor Young è che nel cervello (non solo in quello dei topolini) esista un sistema di rinforzo del comportamento attivato da queste sostanze: esse vanno a stimolare particolari recettori cerebrali che generano una sensazione piacevole, di premio, creando quindi una tendenza a reiterare il comportamento. È lo stesso meccanismo che genera dipendenza dalle droghe e che provoca gratificazioni nell'innamoramento, in questo caso attraverso un'altra sostanza, la dopamina, un neurotrasmettitore che attiva le strutture cerebrali preposte alle sensazioni di piacere, stimolando così la continua ricerca di questo "premio" (ne abbiamo parlato nel secondo capitolo).

Sono certamente studi che mostrano come la genetica, cioè il nostro "programma" biologico innato, attraverso la diversità delle strutture cerebrali e una maggiore o minore presenza di recettori, neurotrasmettitori, ormoni ecc., condiziona e modula il comportamento individuale.

Addirittura queste modifiche comportamentali sulle arvicole sono state ottenute non solo iniettando ossitocina e vasopressina, ma usando le tecniche di trasferimento di geni.

Se dunque arvicole, ratti e pecore sono così sensibili ai livelli di ossitocina e vasopressina, al punto da modificare profondamente il loro comportamento sessuale e parentale, cosa si può dire della specie umana?

Naturalmente non si possono fare esperimenti del genere sull'uomo, ma è ragionevole pensare che anche nella nostra specie i meccanismi siano simili. In proposito, il gruppo del dottor Young ha di recente potuto verificare che esiste una grande diversità nella distribuzione dei recettori di vasopressina nei topolini "monogami". Ciò starebbe a indicare che esistono differenze di comportamento individuali all'interno della stessa specie: in altre parole, certi individui sarebbero più (o meno) fedeli di altri. Ciò avviene anche nella specie umana? Una verifica, in teoria, potrebbe essere fatta correlando le diverse mappe genetiche dei vari individui con i loro comportamenti di coppia...

Un tracciato in tre sequenze

Chiudiamo ora questa breve parentesi biologica, che però è sempre importante per capire che non tutto è dettato dall'ambiente, dalla società, dalla cultura. La nostra macchina è costruita in modo tale da rispondere anche a pressioni biochimiche interne, innate. Che spesso sono diverse nei vari individui, perché diverso è il loro patrimonio genetico.

Detto questo, appare abbastanza chiaro il percorso che la natura ha tracciato per la continuazione della specie: *innamoramento* per attrarre due individui e creare una coppia, *sesso* per fare in modo che si riproducano e *attaccamento* per tenerli uniti nell'allevamento della prole.

Curiosamente, ma non troppo, sia l'innamoramento sia l'attaccamento spingono entrambi verso la monogamia, cioè in una direzione molto diversa dalla vocazione di cacciatore poligamo dell'uomo. Nella fase dell'innamoramento, infatti, il rapporto d'amore è così totalizzante da non lasciare spazio per altre relazioni: questa fase si prolunga in genere nel matrimonio, che è un'istituzione fatta apposta per creare solidi legami monogamici e per fornire il contesto adatto per generare e allevare figli.

Che le cose non vadano poi esattamente così è un altro discorso, che avremo modo di approfondire. Certo è che chi decide di entrare in questa straordinaria avventura di "metter su famiglia" ha scelto una strada bellissima ma impegnativa: quella di un lungo percorso a due, pieno di incognite, di speranze e di sacrifici, di gioie e di dolori. Il partner non è più soltanto l'oggetto romantico del desiderio, ma un compagno o una compagna di strada, con il quale bisognerà camminare affiancati, in salita e in discesa, mentre il tempo passa impercettibilmente, ma inesorabilmente, e il rapporto d'amore si trasforma.

Quando finisce l'innamoramento

Quando finisce l'innamoramento? Difficile dirlo. Le indagini fatte in proposito indicano che la fase dell'innamoramento romantico dura mediamente da uno a due anni. In certi rari casi tre anni, o più. Ma lentamente si dissolve quell'ossessione dei primi tempi, quel dolce tremore che percorreva il corpo e monopolizzava tutti i pensieri. Per dirla in termini cinematografici, si verifica una "dissolvenza incrociata", cioè pian piano queste forti sensazioni si affievoliscono, per lasciare il posto a un sentimento più solido e pacato.

L'effetto "lenti rosa" si attenua: del partner si vedono anche i difetti e i lati negativi, che emergono dalla vita comune di tutti i giorni. Per alcuni può essere l'inizio di una crisi: è il momento dell'atterraggio dopo un volo cieco. E, a distanza ravvicinata, il paesaggio cambia.

È un momento cruciale, specialmente per le coppie che si sono unite in matrimonio: se, finito l'innamoramento, non c'è amore e se la strada su cui si deve camminare è cosparsa di chiodi, comincia un percorso difficile che può concludersi con la separazione.

Per altri non è così. Si comincia ad amare la persona anche per quello che è, non solo per come appariva attraverso l'idealizzazione romantica che cancellava tutto il resto. Sfuma la passione, ma subentra un legame d'amore più completo, fatto di tante altre cose, un legame che fa star bene insieme.

Insieme si portano avanti progetti concreti, ci si sente solidali nelle scelte di vita, ognuno diventa un punto di riferimento per l'altro. È una forma di amore che non vola alto come l'innamoramento, ma che penetra in profondità e pervade il rapporto di coppia in modo più pieno.

Oltre l'innamoramento

Perché tutto questo avvenga, però, occorre che esista già nella fase dell'innamoramento il seme di questa nuova crescita. Occorre cioè che l'innamoramento non sia solo un fuoco accecante, ma che abbia in sé anche gli elementi per costruire un nuovo modo di amare.

Esiste in proposito un'interessante ricerca realizzata da Helen Berscheid, dell'Università del Minnesota. A un gruppo di giovani donne e uomini era stato chiesto di compilare quattro liste: dei loro amici, della gente con la quale avevano un legame d'affetto, di persone che ritenevano sessualmente attraenti e infine di coloro dei quali erano innamorati. Naturalmente l'ultima lista comprendeva di solito un solo nome, ma questo nome appariva anche in tutte le altre tre liste: cioè era una combinazione di amicizia, affetto, attrazione sessuale e amore.

Ed è proprio una tastiera più ampia, di questo tipo, che consente di costruire un rapporto più ricco, non solo centrato sull'innamoramento. Forse aggiungendo altre liste si scoprirebbe che un legame d'amore davvero solido comprende non solo amicizia, affetto, attrazione sessuale e innamoramento, ma anche molte altre cose, come per esempio stima e rispetto. Vale a dire un'alta considerazione della persona che ci è accanto. Questa "idealizzazione" è risultata particolarmente importante per la durata del rapporto.

In uno studio fatto da psicologi della Texas University, 168 coppie sono state seguite per dieci anni e si è visto che la considerazione nei confronti del partner aiuta a cementare meglio il rapporto e a superare i momenti difficili.

Le grandi passioni, le storie da romanzo rosa rischiano di andare incontro a imprevedibili cadute, se non hanno una adeguata rete di protezione che consenta il passaggio dall'innamoramento all'attaccamento.

È questo il caso, spesso, dei matrimoni che cominciano con un innamoramento travolgente e un corteggiamento di breve durata.

Interrogando centinaia di coppie sull'inizio del loro rapporto, alcuni psicologi hanno individuato tre modelli: quello in cui il corteggiamento era stato veloce e appassionato, un altro invece di tipo lento e pacato, un terzo a metà strada tra i due. Il primo gruppo, che rappresentava circa il 25 per cento del campione, era arrivato rapidamente al matrimonio, di solito nel giro di qualche mese, tendendo spesso a ignorare i problemi sorti lungo la strada. Il gruppo più lento, invece, aveva impiegato mediamente due anni prima di arrivare al "sì", passando attraverso vari stadi.

A distanza di 13 anni è stato questo gruppo a mostrare maggiore solidità nel matrimonio. Il periodo prematrimoniale era stato più lungo e meno passionale, ma aveva permesso una conoscenza reciproca più profonda, evitando certe sorprese nella scoperta dei rispettivi caratteri che la "cecità" dell'innamoramento aveva invece reso poco visibili.

Un punto d'attracco

Ma l'attaccamento è anche qualcos'altro. È un punto prezioso di attracco, un porto in cui si è gettata l'ancora e che rappresenta un riparo contro la solitudine e le avversità, nella consapevolezza che si può avere fiducia nel partner e che l'aiuto reciproco permetterà di affrontare meglio anche il futuro.

E poi è quel legame che consente, dopo che è evaporata la fase acuta dell'innamoramento, di continuare a stare bene insieme per allevare i figli, in un clima di amore affettuoso.

Poche canzoni cantano l'attaccamento, sono piuttosto le grandi emozioni a occupare il centro della scena: l'innamoramento, l'abbandono, la gelosia, il tradimento, il rimpianto. Sono queste le scariche forti che fanno sussultare i centri nervosi del sistema limbico, provocando eccitazione, pianto, rabbia, prostrazione, angoscia, esultanza. L'attaccamento-amore è invece un sentimento più pacato, più sereno, che fa meno "notizia"; ma che in realtà è quello che accompagna le coppie per gran parte della loro vita.

Anche l'attaccamento, però, può avere aspetti fortemente emotivi e a volte addirittura patologici. La psichiatra Donatella Maraziti, dell'Università di Pisa, ha classificato vari tipi di attaccamento anomalo, collegati spesso a vere e proprie patologie: come l'attaccamento insicuro-ossessivo, l'attaccamento da dipendenza, l'attaccamento ostinato, l'attaccamento delirante. Ma anche l'incapacità di provare attaccamento per qualcuno.

Il cerchio si chiude

Va detto che l'attaccamento, come si sa, funziona non solo orizzontalmente nella coppia ma anche verticalmente, verso la prole.

Esso crea un legame profondo tra genitori e figli, determinante per la continuazione della specie. Abbiamo visto quanto sia essenziale prendersi cura dei piccoli, soprattutto nella specie umana, dove i neonati rimangono incapaci di badare a se stessi per un tempo lunghissimo. Anche qui l'ossitocina svolge un ruolo importante: lo si è osservato, come dicevamo, in esperimenti su animali, dove si è constatato che somministrando l'ossitocina o bloccandone il rilascio in femmine di ratto e di pecora si modificava il comportamento materno.

È questo attaccamento che nel mondo animale produce un forte "investimento parentale", cioè una serie di comportamenti in gran parte istintivi destinati a far sopravvivere i piccoli, comportamenti che vanno dal procacciare loro il cibo all'aggredire gli eventuali predatori che si avvicinano al nido o alla tana, dal difenderli dalle insidie dell'ambiente all'insegnar loro a nutrirsi, a mettersi in salvo, o a cacciare.

Nella specie umana non esiste solo un attaccamento biologico, istintivo, ma un vero e proprio amore che riflette un rapporto del tutto particolare, dove confluiscono tante cose diverse: la tenerezza verso una creatura così indifesa, la scoperta continua, giorno dopo giorno, dei suoi piccoli progressi, la consapevolezza di essere noi a far nascere pian piano la sua mente, la proiezione di noi stessi e delle nostre aspettative in questo nuovo essere ecc. Un insieme cioè di sentimenti e di emozioni che assomigliano molto all'innamoramento e che rappresentano, appunto, un'altra di quelle strategie dell'evoluzione che consentono la formazione di forti legami nella catena della vita, e rendono quindi possibile la continuazione della specie.

In questo modo il cerchio si chiude: l'amore, come un *fil rouge*, cuce insieme l'intero ciclo della riproduzione, dal primo sguardo fatale all'autonomia della prole.

X
La gelosia

Gli ingredienti del cocktail

Attaccamento, amore, sessualità, passione, innamoramento sono certamente cose diverse tra loro, ma sono gli ingredienti di base che portano, sia pur con dosaggi differenti, alla formazione di ogni coppia. È un po' come nei cocktail: a seconda della quantità dei vari ingredienti, il sapore è più forte o più morbido, più piccante o più dolce.

Ma esiste anche un altro ingrediente che spesso entra nella miscela e può modificare il gusto verso il salato o l'amaro: è la gelosia. La gelosia, anch'essa in dosaggi diversi, entra quasi sempre nel rapporto di coppia. A volte rappresenta un vero e proprio componente di base, a volte invece viene ad aggiungersi solo in certi momenti e in certe circostanze.

Sulla gelosia si sono condotti molti studi, non solo tra gli uomini ma anche in campo animale. Alla base di questo sentimento c'è, ovviamente, il timore di essere traditi o addirittura di perdere il partner, se lo si vede attratto da qualcun altro.

È raggelante pensare che la persona con la quale si è costruito un rapporto d'amore, si sono fatti progetti, si è intrapreso un cammino mano nella mano, con tenerezza, fiducia, impegno, a un certo punto distrugga tutto questo e rivolga i suoi sguardi, le sue carezze, il suo amore a un'altra persona. E lo faccia magari di nascosto, dietro le spalle.

La sola idea che una cosa del genere possa accadere può far

impazzire. Sarebbe una perdita immensa, il crollo improvviso di un mondo, un'esplosione di incredulità e di rabbia.

La gelosia può portare a una vera tempesta di sentimenti, in cui si mescolano odio e amore, specialmente se colpisce nel momento più intenso dell'innamoramento. E può portare in certi casi alla violenza e persino all'omicidio.

Ma, a parte i casi estremi, la gelosia colpisce tutti in situazioni e modi diversi. Essa fa parte della vita stessa di coppia. C'è anche chi può trovarsi nella felice situazione di vivere con un partner fedele, in una situazione ben consolidata, che non dà motivo di nutrire dubbi. Ma è molto difficile che un individuo non abbia mai provato, in qualche momento della sua vita, quella piccola o grande ansia che accompagna l'idea, o il sospetto, di un tradimento.

Sentiamo anche qui qualche testimonianza colta al volo sulla gelosia.

- «Se sono gelosa? Alla follia!»
- «No. Ho fiducia. Devo avere fiducia...»
- «Un po' di gelosia è inevitabile.»
- «Se non si è gelosi, non si ama.»
- «"Caro Otello" gli ho detto "se non ti fidi di me è meglio che te ne cerchi un'altra!"»
- «Provo molto fastidio quando la vedo civettare con gli altri.»
- «Un giorno l'ho scoperto che frugava nella mia borsetta.»
- «Preferisco non pensarci! Occhio non vede, cuore non duole.»
- «Gelosa? Sì, molto. E ho scoperto che avevo ragione di esserlo...»
- «Una volta, devo dire, l'ho seguito di nascosto...»
- «Se venissi a sapere che mi tradisce, non so di cosa sarei capace!»
- «Se dovessi essere gelosa, non vivrei più in pace.»
- «Sì. Sono geloso, ancora adesso che siamo separati.»
- «Una scappatella? No. Non mi sta bene.»
- «Non ne potevo più della sua gelosia. L'ho mollato.»

Predisposizioni alla gelosia

Naturalmente occorre distinguere tra vari aspetti della gelosia che affiorano anche in queste risposte: in particolare, da un lato il timore costante che il partner possa tradire (e quindi l'adozione di comportamenti per difendersi da questo possibile rischio), e dall'altro, invece, il fondato sospetto che sia davvero in corso qualche tresca.

Le reazioni di gelosia dipendono ovviamente dal comportamento di lei o di lui, dalle circostanze, dal tipo di persone che ci stanno intorno, dalle occasioni reali di tradimento, dalla solidità del rapporto nella coppia, ma anche dalla predisposizione individuale. Tutti, infatti, possono avere una reazione gelosa in presenza di sospetti fondati, ma in certe persone il sospetto è continuo: la gelosia permanente e il tormento interno portano ad atteggiamenti che finiscono per essere molto irritanti per il partner, soprattutto in assenza di motivi validi: controlli, domande sugli spostamenti (anche se fatte in modo apparentemente casuale), obiezioni alle uscite serali, esame furtivo delle tasche o delle borsette ecc.

In casi estremi (ne abbiamo accennato parlando della biochimica del cervello) esistono vere e proprie patologie ossessivo-compulsive che si esprimono attraverso la gelosia e che possono essere curate con i farmaci. Già nel 1994, al Dipartimento di Psichiatria della Columbia University di New York, Stein, Hollander e Josephson avevano curato alcuni pazienti con farmaci che rialzavano il livello di serotonina, ottenendo quattro risultati positivi su sei. Oggi si hanno risultati positivi nel 60-70 per cento dei casi.

Ma chi è più geloso?

Gli uomini, secondo i sondaggi, tendono a negare di esserlo, mentre le donne lo ammettono più facilmente. È probabile che la gelosia sia in realtà diffusa in entrambi i sessi più di quanto le persone siano disposte a riconoscere. Molti oggi provano difficoltà a confessarlo, perché vedono nella gelosia un valore negativo, un modo di essere un po' primitivo che tende a opprimere il partner e a dubitare della sua lealtà. Mi diceva la professoressa Donatella Marazziti che all'Università di Pisa aveva preparato, per una ricerca-sondaggio, un apposito questionario al fine di valutare il grado di gelosia dei partecipanti: ebbene, sorprendentemente nessuno dei cinquanta studenti che facevano parte del primo campione ha voluto riempirlo. Limitandosi a cambiarne il titolo, l'ha denominato "Questionario sulle relazioni affettive", e non ci sono più stati problemi. Tutti hanno accettato di compilarlo.

Ma ci sono coppie in cui la gelosia si sviluppa più che in altre? Secondo vari studi, tra i quali quello condotto da K.J. Rotenberg, la gelosia sembra essere maggiormente presente in quelle coppie in cui uno dei due ha una bassa autostima. Questa percezione di sé, infatti, porta a sentimenti di inadeguatezza, impotenza, solitudine e costituisce un terreno fertile per l'innesco della gelosia, proprio per la mancanza di sicurezza e il conseguente timore di essere abbandonati dal partner. Altre ricerche indicano che il tasso di gelosia è più alto in coloro che sono già stati traditi, anche quando hanno formato una nuova coppia.

David M. Buss, della Texas University, ritiene di aver individuato anche altri tipi di coppie che sembrano essere particolarmente vulnerabili. Ciò avviene quando s'incrociano alcuni fattori cruciali, come differenza di età, di bellezza e di reddito. Per esempio, quando un uomo sposato con una donna giovane e attraente si deve confrontare con un rivale di successo, dotato di maggiori risorse economiche, e crede di scorgere segnali di coinvolgimento sessuale della sua donna con il rivale.

L'altro caso tipico è quando una donna ha sposato un uomo con alto livello di reddito e percepisce segnali di coinvolgimento emotivo del marito nei confronti di una donna molto più attraente. Spesso in questi casi nasce un comportamento di vigilanza ansiosa che può in seguito degenerare.

La gelosia può diventare distruttiva in molte situazioni, ma soprattutto quando nascono comportamenti gelosi "a prescindere", tipici di individui che sono sempre in preallarme, che interrogano, che scrutano in continuazione possibili segni premonitori di un tradimento. Questi controlli continui, se diventano soffocanti e ossessivi, possono generare violenza.

In uno studio realizzato su mogli picchiate, che avevano dovuto ricorrere a cure mediche, è emerso per esempio che i mariti cercavano di limitare i loro contatti con gli amici e con la famiglia, volevano sapere continuamente dove erano, le trattavano a male parole per farle sentire a disagio con se stesse.

Per altri individui vale invece la filosofia della briglia lunga. Vigilanza sì, ma anche fiducia. Molte mogli, per esempio, sanno che il marito può avere l'occasione di incontri ravvicinati, incontri che in definitiva non lasciano traccia e non compromettono la solidità del rapporto coniugale. Altre donne, invece, anche in questi casi praticano la politica della briglia corta, tirando in ogni occasione il morso per domare il cavallo, sebbene questo comportamento possa portare a conflitti e a un degrado dei rapporti (perché l'uomo non è un cavallo).

Alcune persone pensano persino che suscitare gelosia nel partner possa essere stimolante per "risvegliare" il rapporto. Una ricerca condotta da Virgil L. Sheets e altri psicologi alla Indiana State University nel 1997 ha mostrato che questa strategia non funziona. La ricerca ha coinvolto studenti e studentesse che vi avevano fatto ricorso nella fase di innamoramento: è emerso che far ingelosire il partner non solo non porta benefici, ma più che altro provoca litigi tra gli innamorati.

Può anche darsi che ingelosire il partner sia utile in certi casi per "risvegliare" le sue attenzioni, fargli percepire che l'amore è un bene che può essere perduto se non ci si impegna per mantenerlo vivo come all'inizio; stando però attenti alle "dosi" di questa provocazione e alla sensibilità del partner. Altrimenti si rischiano effetti del tutto diversi.

Osservando gli animali

Ma esiste una base biologica della gelosia? Un substrato genetico che ci portiamo dietro da tempi antichissimi e che in certi individui si manifesta in modo più accentuato, e a volte anche più aggressivo?

Già Darwin lo pensava. Secondo l'autore dell'*Origine delle specie*, le nostre reazioni istintive sono il frutto di una lunghissima selezione e anche la gelosia è un comportamento innato destinato a difendere la nostra "continuità" attraverso la prole.

La gelosia, infatti, secondo autori come Halladay e Donahue, si è affermata sin dalla nostra preistoria, perché aiutava il processo riproduttivo: chi non era geloso non tutelava la propria femmina (che così poteva essere fecondata da un altro) e quindi non tutelava la continuità dei propri geni. Di conseguenza, tendeva a estinguersi. Analogamente, le femmine che non si preoccupavano di reagire se il loro maschio andava in giro a fecondare altre femmine rischiavano di ritrovarsi sole e di non riuscire ad allevare la prole.

Insomma, coloro che esplodevano in reazioni gelose avevano maggiori probabilità di riprodursi e di moltiplicarsi, trasmettendo così questo loro istinto alla discendenza.

Ma come facciamo a sapere che la gelosia è iscritta nel patrimonio genetico? Osservando la natura.

Anche per gli animali, infatti, il problema dell'esclusività sessuale è importante, perché qualcun altro potrebbe sostituirsi al maschio di nascosto, privandolo così della trasmissione del suo patrimonio genetico.

Questa situazione ha fatto sì che i maschi, in moltissime specie, abbiano sviluppato per selezione una serie di comportamenti istintivi: negli uccelli, per esempio, la difesa del nido è una regola. I colombi, in particolare, si impegnano molto nella sorveglianza della femmina, per evitare che venga fecondata da altri maschi. I leoni marini difendono con ancor più accanimento il loro harem, composto a volte di varie decine di femmine. Nella stagione degli amori, addirittura, ogni maschio dominante non mangia e non beve più, per non allontanarsi dal suo harem, e lotta ferocemente con gli altri spasimanti. Alla fine è pieno di ferite e di cicatrici, ma in questo modo ha potuto replicare i suoi geni molte volte.

Il maschio di amadriade non aspetta neppure che eventuali spasimanti si avvicinino: appena una delle sue femmine si allontana, la raggiunge e la attacca, facendola rientrare nei ranghi.

Tra i babbuini la strategia è ancora diversa: poiché le femmine sono fertili solo in certi periodi dell'anno (quelli segnalati dall'estro), i maschi dominanti non si curano se durante il periodo intermedio le femmine del loro harem "scherzano" con altri giovani. Ma quando queste femmine entrano in calore, più nessuno può avvicinarsi; la reazione territoriale scatta automaticamente nel momento della riproduzione.

Un ultimo esempio nel campo degli uccelli: quello della sialia. Se durante un'assenza del partner viene messo nel nido un altro maschio, al ritorno il legittimo occupante del nido non soltanto attacca violentemente l'intruso, ma se la prende anche con la femmina e la caccia via.

Possiamo definire gelosia tutto ciò? Forse si potrebbe chiamare semplicemente territorialità sessuale; ma ciò non toglie che certi comportamenti siano molto simili a quelli tipici della gelosia umana, anche se nella nostra specie la cultura li ha resi assai più complessi e ricchi di varianti e sfumature.

Osservando ciò che avviene in natura e rileggendo Darwin in chiave moderna, i biologi evoluzionisti hanno cercato di interpretare il ruolo della gelosia nella specie umana.

David M. Buss della Texas University, in particolare, ha pubblicato numerosi studi sull'argomento.

Una domanda inquietante

In una delle sue ricerche, Buss ha posto le seguenti domande a uomini e donne appartenenti a vari Paesi e culture nel mondo: "Cosa provocherebbe in voi maggiore rabbia e sconforto: a) scoprire che il vostro partner ha un attaccamento profondamente emotivo con un'altra persona; b) scoprire che il vostro partner fa sesso appassionato con un'altra persona, sperimentando posizioni sessuali che neppure vi immaginate? Entrambi gli scenari sono traumatizzanti, ma quale dei due, per voi, lo è di più?".

Le domande sono state poste a un campione di donne e uomini negli Stati Uniti, in Olanda, in Germania, in Giappone, nella Corea del Sud e nello Zimbabwe. Ogni gruppo comprendeva 200 partecipanti. Negli Stati Uniti la maggioranza delle donne (83 per cento) ha risposto che sarebbero state più ferite dall'infedeltà emotiva, mentre la maggioranza degli uomini

(60 per cento) lo sarebbero stati dall'infedeltà sessuale (comparato al solo 17 per cento delle donne). Negli altri Paesi le percentuali variavano, ma confermavano l'orientamento di fondo (con una maggiore tolleranza in Germania e Olanda per il tradimento sessuale femminile, legata anche a una tradizione di maggiore libertà sessuale e uguaglianza).

Provate anche voi a porre la domanda ad amici e amiche.

Secondo Buss questa differenza nelle risposte rivela qualcosa di profondo. Vale a dire: per l'uomo, che deve difendere la certezza della paternità, è più importante la fedeltà sessuale della donna; per la donna, invece, che cerca di difendere la stabilità del rapporto, è più importante la fedeltà emotiva.

Ma anche senza tener conto di questa "asimmetria" tra maschio e femmina, la gelosia, dice Buss, rivela chiaramente il suo vantaggio evolutivo, nel senso che costituisce un comportamento di difesa per entrambi i componenti della coppia: chi non manifestava gelosia, rischiava di perdere il proprio investimento parentale.

Contrariamente a quanto affermano certe teorie, che considerano la gelosia un'emozione da immaturi, un sintomo di insicurezza, di nevrosi, di debolezza di carattere ecc., in realtà essa – afferma sempre Buss – è una passione estremamente importante che in passato ha aiutato gli uomini ad affrontare i rischi riproduttivi e che ancora oggi (malgrado la permissività di certi modelli culturali) ci permette di vigilare, di tenere lontani i rivali, magari ricorrendo a minacce verbali. Oppure ci induce a mobilitare il nostro impegno per dimostrare tutto il nostro amore al partner quando vacilla.

C'è un fatto che Buss tende a sottolineare: cioè che la gelosia non è il frutto di un ragionamento razionale, ma una reazione istintiva, così come lo è la paura dei serpenti, dei ragni, degli estranei, oppure l'attrazione per gli zuccheri e i grassi.

Se infatti fosse un fatto "razionale" (cioè se si trattasse solo della preoccupazione di trasmettere i propri geni alla discendenza), oggi non ci dovrebbero essere quasi più mariti gelosi, perché se la moglie usa i contraccettivi per far sesso con altri uomini non mette a repentaglio la certezza della paternità: al massimo, il marito dovrebbe preoccuparsi che la moglie prenda la pillola quando fa l'amore con altri.

Ma non è così: questo riflesso primordiale proviene dalle nostre profondità ed è irrefrenabile e involontario. Lo si vede bene negli animali, che difendono la loro esclusività sessuale in modo automatico, senza nulla sapere della certezza della paternità.

La gelosia, del resto, non a caso viene definita l'altra faccia dell'amore: effettivamente è l'altra faccia dell'innamoramento, della sessualità, dell'attaccamento, che sono passioni istintive anch'esse iscritte nei nostri geni. Tutte insieme si completano: da un lato presiedono alla conquista di un partner, dall'altro tendono a difendere istintivamente questo bene conquistato.

Ma allora si tratta esclusivamente di un gioco di geni e di neurotrasmettitori?

L'infinita sfumatura dei sentimenti

No. Forse questo è in gran parte vero negli animali, ma nella specie umana le cose sono molto più complesse. L'infinita sfumatura dei nostri sentimenti, l'intreccio tra emozioni e astrazioni, la ricchezza dell'immaginazione creano un caleidoscopio di combinazioni e di diversità che sfuggono a ogni semplificazione. La gelosia, del resto, emerge e si esprime nei modi più diversi, a seconda delle situazioni e del temperamento personale: può provocare rabbia, amarezza, angoscia, rassegnazione, violenza, o una miscela di queste varie cose. Anche perché il tradimento non significa solo la perdita di un bene posseduto, amato, accarezzato, ma è qualcosa che ferisce profondamente l'orgoglio, che rappresenta una sconfitta spesso inaccettabile, che fa sentire non soltanto traditi ma ingannati, creando un vuoto di solitudine incolmabile.

La diversità tra la gelosia maschile e femminile (gli uomini più feriti dal tradimento sessuale, le donne da quello sentimentale) è sostenuta anche da ricerche di altri studiosi, come Martin Daly, del Dipartimento di Psicologia della McMaster University, in Canada. La funzione della gelosia sessuale per difendere la paternità – dice Daly – è un comportamento che trova diverse conferme. Per esempio, ovunque nel mondo e in ogni epoca storica, le leggi sull'adulterio indicano chiaramente che i rapporti sessuali con donne sposate sono un crimine e che il marito è la vittima. La gelosia sessuale maschile, del resto, è una delle più frequenti cause di omicidio.

Anche vari studi di psicologia e di psichiatria suggeriscono che la gelosia maschile e femminile differiscono proprio nel senso indicato. E così pure la repressione della sessualità femminile, attraverso la minaccia e la violenza, risulta essere comune a tutte le culture.

Un altro studio, realizzato da un gruppo di ricercatori guidato da Brad J. Sagarin e pubblicato nel 2003 su "Evolution and Human Behavior", conferma queste differenti reazioni all'infedeltà da parte maschile e femminile, utilizzando sia il metodo impiegato da Buss (scelta obbligata di una sola risposta) sia misurazioni di tipo proporzionale (in cui i partecipanti dovevano annotare le loro reazioni sulla base di una scala).

Ma non tutti sono d'accordo con questa teoria. Alcuni psicologi, come Christine Harris dell'Università della California di San Diego e David DeSteno della Northeastern University di Boston, pur condividendo il ruolo dell'evoluzione nel comportamento umano, ritengono che le differenze tra uomini e donne (differenze che comunque, in base alle risposte, non risultano essere così univoche) siano dovute soprattutto a una diversa interpretazione dell'infedeltà.

Sia uomini che donne, infatti, sono feriti da entrambi gli aspetti (il sesso e i sentimenti): ma le donne mettono più in evidenza i sentimenti perché sanno che questi coinvolgono *anche* il sesso, mentre gli uomini puntano l'indice sul sesso, sapendo che le donne che si concedono lo fanno *anche* con sentimento.

Nelle loro obiezioni, inoltre, i critici sottolineano l'esistenza di dati contraddittori. Per esempio, in un'indagine condotta in Cina i maschi hanno addirittura dichiarato di essere più feriti dal tradimento sentimentale che da quello sessuale nella misura del 75 per cento. Altri sondaggi hanno mostrato che esiste una diversità nel livello di gelosia in Paesi di cultura diversa, come per esempio in Brasile, in Svezia o in Giappone.

Va certamente riconosciuto che le tradizioni, la morale, l'educazione, il livello di sviluppo economico, i modelli di riferimento ecc. svolgono un ruolo importante in un campo come questo. I nostri comportamenti sono infatti sempre il risultato dell'azione combinata della natura e dell'ambiente. È però difficile valutare il peso rispettivo di queste due componenti. Coloro che studiano il comportamento umano conoscono bene il problema, che si ripresenta in numerosi altri ambiti (tipico è l'esempio dell'intelligenza: quanto è dovuta al patrimonio genetico e quanto all'ambiente?).

Tuttavia, per quel che riguarda la gelosia (o la "territorialità sessuale"), le osservazioni fatte sul comportamento animale, dove l'influenza della cultura, della morale, delle tradizioni è minima, ci dicono che certe reazioni di base (a volte molto simili alle nostre) sono chiaramente iscritte nel patrimonio genetico.

L'amore "aperto"

Ma fino a che punto l'ambiente può veramente modificare o attutire certe "pressioni" innate? Ci sono esempi di coppie (o di comunità) in cui non esiste gelosia? In cui si accetta che il proprio partner abbia rapporti con altri? In passato sono state tentate esperienze di comunità (o di coppie) "aperte", ma sono fallite proprio per l'insorgere di "tradimenti" e gelosie.

Quello che si può osservare (ma è cosa completamente diversa) è il cosiddetto "scambismo"; vale a dire coppie che di comune accordo organizzano incontri incrociati con altri per provare nuove emozioni sessuali. Ma c'è ovviamente una profonda differenza tra consentire al proprio partner di avere rapporti sessuali con altri o addirittura assistere e partecipare a queste trasgressioni, come avviene appunto nei club di scambisti, ed essere invece traditi a propria insaputa. Nel primo caso si tratta di una fantasia erotica, sia pure spinta molto in là (fantasia, va detto, tipica del maschio che il più delle volte trascina la sua donna in questa avventura). Nel secondo caso, invece, si tratta di un vero e proprio tradimento, consumato alle spalle.

Esiste in proposito un clamoroso esempio, un caso che fece

scalpore negli anni Sessanta del Novecento e che per lungo tempo fu al centro di discussioni. Ne fu protagonista un nobiluomo italiano che praticava appunto questa fantasia erotica, quella cioè di vedere sua moglie fare l'amore con estranei: gente di passaggio, conosciuta casualmente, magari un cameriere d'albergo che portava la colazione in camera. Tra le tante "prede" ci fu un giovanotto molto avvenente, che impersonò il ruolo con piena soddisfazione di tutti.

Qualche tempo dopo, però, il nobiluomo scoprì che la moglie si vedeva di nascosto con il giovanotto avvenente e che erano diventati amanti. A questo punto il gioco si trasformò in tragedia: il nobiluomo, pazzo di gelosia, sparò alla moglie e al suo amante, poi si suicidò.

È un caso che mostra bene come certe antiche spinte emotive siano sempre in agguato all'interno del cervello, malgrado un'apparente "liberazione" dei comportamenti.

Viene in mente qui il tanto citato (ed eccezionale) caso di quegli eschimesi che offrono la moglie in prestito a occasionali visitatori (in realtà, ciò non avviene mai in questo modo, ma solo in casi speciali, quando l'ospite è un amico). Al di là delle leggende che possono essere nate su questi casi di "filantropia" sessuale, ci si può chiedere se il marito eschimese accetterebbe che sua moglie andasse a letto con un altro di nascosto. Perché anche qui un conto è "concedere" ad altri un proprio bene, in base a una scelta motivata, altra cosa è essere tradito. È la stessa differenza che esiste tra regalare un piatto d'argento ed essere *derubati* di un piatto d'argento.

Sulla presunta "libertà" dell'amore sono nate in passato anche altre leggende. Alla fine degli anni Venti del Novecento, quando si sviluppò una corrente di pensiero che intendeva rivalutare il ruolo prevalente dell'ambiente culturale nei confronti delle tendenze innate, una giovane antropologa americana, Margaret Mead, si recò nelle isole Samoa, nel Pacifico, e pubblicò delle sorprendenti ricerche nelle quali si diceva che in quel piccolo paradiso, rimasto incontaminato, non esisteva la gelosia e le ragazze avevano liberi rapporti prima del matrimonio.

Queste ricerche furono prese per vere e utilizzate come

esempio del valore prevalente delle tradizioni culturali rispetto alla genetica. Il fatto, però, è che Margaret Mead era stata ingannata dalle ragazze con le quali aveva parlato, le quali avevano assecondato il suo desiderio di sentirsi dire quelle cose. Il fatto venne scoperto molti anni dopo da un antropologo australiano che interrogò nuovamente alcune di quelle ragazze, ormai adulte. Egli andò anche a cercare i giornali dell'epoca e scoprì che in realtà le cronache riferivano casi di stupro e atti di violenza dovuti alla gelosia. E calcolò che la loro frequenza era simile, se non superiore, a quella delle società industrializzate.

La cosa sconcertante è che Margaret Mead, pur riconoscendo che le cose stavano diversamente, non modificò le edizioni successive del suo libro. Divenne un guru negli anni della contestazione e quei suoi studi vengono citati ancora oggi.

Il mostro dagli occhi verdi

Al di là, comunque, del peso rispettivo della genetica e dell'ambiente, rimane un fatto che quasi tutti hanno sperimentato: la gelosia è un "mostro dagli occhi verdi" (come qualcuno lo ha definito), annidato nel profondo del nostro essere, e a volte può emergere senza che si riesca a fare nulla per ricacciarlo nel suo antro buio. I suoi tentacoli si allungano, avviluppano le viscere e lo stomaco in una morsa lancinante. Penetrano nel cervello e si impadroniscono dei pensieri, proiettando sul nostro schermo mentale un'immagine ossessiva, quella del tradimento. Un'immagine che si cerca di cancellare, ma che riaffiora inesorabilmente, provocando rabbia e sofferenza.

Questa tempesta emotiva, non resistibile, è simile a quella che si verifica per altre forti emozioni, come la collera o la paura. Esse provengono dal profondo e pervadono ogni nostra cellula, avvelenando i nostri comportamenti e creando a volte spinte così forti e incontrollabili da portare a reazioni violente, addirittura a omicidi e stragi. Basta, in proposito, dare un'occhiata a certi titoli di giornale:

- "Pazzo di gelosia, accoltella la moglie";
- "La pedinava da tempo: ridotta in fin di vita";
- "Tenta di investire l'ex fidanzata e la madre";
- "Lite tragica: spara al marito geloso che la picchiava";
- "Inseguita e accoltellata a morte tra i banchi del mercato";
- "Lei ha un altro: lui si butta dal quinto piano".

XI
Il tradimento

Vari tipi di infedeltà

In Estonia esiste una curiosa usanza. Dopo il matrimonio gli sposi, al ricevimento di nozze, lanciano un grosso dado: il numero che esce sta a indicare, per la donna, quanti anni passeranno prima che tradisca il marito: per l'uomo, invece, quanti mesi passeranno prima che tradisca la moglie...

È un gioco, naturalmente. Ma, attraverso lo scherzo e le battute, si cerca di esorcizzare un timore che è sempre presente, in qualche remoto angolo del cervello di ogni uomo e di ogni donna: quello del tradimento. Ecco, in proposito, alcuni pensierini colti al volo.

- «Non è che sia andato a cercarlo: qualche volta è capitato.»
- «Io non ho mai tradito, e mai tradirò!»
- «A me piace molto Sabrina Ferilli. Cederei subito!»
- «Se ho tradito? Be', in pubblico non si può dire...»
- «Io non ho mai tradito, però sono stato molto tradito.»
- «È successo, è stata un'occasione. Ma non ci si sente bene, dopo...»
- «Un mio amico è stato tradito subito dopo sposato: se n'è accorto dopo quindici anni, per dire.»
- «È inutile dire che ci sono tentazioni: basta volere o non volere.»
- «Per ripicca, l'ho tradito.»

- «Se un uomo lo fa a livello fisico posso accettarlo: se invece c'è del sentimento... se ne discute!»
- «Io personalmente non perdonerei mai.»
- «Bisogna trovarsi nella situazione. Può darsi che avrei anche perdonato, non lo so.»
- «In ginocchio, l'ho fatto mettere!»
- «Uno sbandamento temporaneo si può anche capire.»
- «È difficile da digerire.»
- «Una volta ho divorziato. La prossima volta ammetto solamente vedovanze. Nient'altro.»

Quanto si tradisce? In materia di infedeltà i sondaggi sono considerati poco attendibili. Gli intervistati non hanno alcun interesse a svelare a estranei certe faccende così intime: il risultato è che le percentuali dei "fedifraghi" risultano generalmente abbastanza basse. Ma cosa si intende esattamente per infedeltà? Una relazione romantica senza sesso? Una semplice "sveltina" occasionale? Una relazione saltuaria senza alcun coinvolgimento sentimentale? Un innamoramento passeggero, con un rapporto intenso ma di breve durata? Una relazione più impegnativa con un altro partner? I casi possono essere molto diversi, con un grado di coinvolgimento differente. Le tre componenti di base (sesso, sentimenti, attaccamento) possono "giocare" da sole oppure in combinazione tra loro e rappresentare "infedeltà" di diverso livello.

Se è difficile ottenere delle risposte sincere sui tradimenti, esiste però un dato oggettivo abbastanza sorprendente: quello delle uova fecondate irregolarmente. Non solo negli animali ma anche negli umani. Abbiamo visto, in un capitolo precedente, che gli uccelli che vivono in modo apparentemente monogamo hanno in realtà molte copulazioni "extraconiugali". Esaminando il DNA dei piccoli nel nido, si è constatato che il maschio copula spesso con altre femmine; viceversa, può succedere che durante la sua assenza un maschio di passaggio fecondi la sua compagna. Il risultato delle analisi è che, in ogni stagione, tra il 18 e il 43 per cento dei piccoli nascono da questi "tradimenti".

Ciò avviene anche nella specie umana, sebbene le percentuali non siano così alte. Analizzando il DNA, si è constatato che oggi in Italia circa il 6 per cento dei neonati non sono figli del padre dichiarato. Negli Stati Uniti questo valore sale al 10 per cento. È una percentuale abbastanza sorprendente, soprattutto tenendo conto dell'attenzione che di norma entra in gioco nei rapporti extraconiugali e dell'uso dei contraccettivi maschili e femminili.

Le sorprese dei rapporti non protetti

Questo dato offre lo spunto per alcune riflessioni. Intanto dice che l'infedeltà non è così rara, e inoltre che troppo spesso le coppie clandestine non prendono le dovute precauzioni. Ma sembra confermare anche un fatto che i biologi hanno riscontrato da tempo: e cioè che, per una donna, è più facile rimanere incinta quando ha un rapporto con l'amante anziché con il marito. Come mai?

Intanto perché, come abbiamo visto, è proprio durante la fase dell'ovulazione che la donna è istintivamente più attratta da un uomo che ama (certi studi indicherebbero che è cinque volte più probabile che una donna si unisca all'amante, piuttosto che al marito, durante il periodo dell'ovulazione). A questo si aggiunge un altro fatto: un orgasmo più intenso sembra facilitare la risalita degli spermatozoi, grazie ai movimenti dell'utero, che "pesca e risucchia" il liquido seminale depositato nella vagina.

C'è poi una terza osservazione. Recenti ricerche hanno mostrato che lo sperma maschile, una volta entrato nel corpo della donna, può rimanere vitale fino a sette giorni, e non soltanto uno o due giorni come si riteneva prima. Sono stati scoperti centinaia di anfratti nelle pareti vaginali, dove gli spermatozoi rimangono vitali e da dove possono continuare la maratona per fertilizzare l'uovo.

Alcuni ricercatori hanno tentato di immaginare cosa succede se la donna durante quel periodo ha un secondo rapporto con un altro uomo. Si verificherebbe una battaglia tra spermatozoi, come avviene in moltissime specie? Infatti, poiché esistono spermatozoi di forme diverse (alcuni sono degli "sprinter" che cercano di arrivare il più velocemente possibile all'uovo e fecondarlo, altri invece sono dei "difensori"), si è visto, in studi su animali, che quando sopraggiungono altri spermatozoi competitori i "difensori" si lanciano su di loro per bloccarli. Questa guerra tra spermatozoi non è stata dimostrata negli esseri umani, ma quello che avviene all'interno del corpo femminile è certamente più complicato di quanto si pensasse.

Va infine aggiunta un'ultima considerazione: la non completa affidabilità dei metodi anticoncezionali. Molte donne si basano sul calendario per calcolare i giorni fertili, ma la fisiologia dell'organismo e del ciclo mestruale non è regolare come un orologio di precisione: si ritiene che questo tipo di "cronometraggio" sia responsabile di circa il 10-20 per cento delle gravidanze. Ancor più rischiosa è l'interruzione dell'amplesso: gli spermatozoi non escono tutti insieme, come un'armata compatta che va all'attacco, ma ci sono esploratori e ricognitori che precedono il grosso della truppa e che possono penetrare oltre le linee prima che l'armata venga dirottata.

Anche il profilattico ha le sue debolezze: secondo certi calcoli avrebbe un 3 per cento di inaffidabilità. Un rischio quasi del tutto annullato quando è usato correttamente. Rimangono la spirale e la pillola che offrono invece, tra i contraccettivi, il più alto grado di affidabilità. Con un piccolo problema per quanto riguarda la pillola: bisogna ricordarsi di prenderla! Un'alta percentuale di donne infatti se ne dimentica periodicamente...

Il caso delle gemelle

Ma se la donna è tendenzialmente predisposta alla monogamia, cosa la spinge a essere infedele?

Ogni comportamento è ovviamente sempre il risultato di un insieme di fattori: genetici, ambientali, esistenziali. Per quanto riguarda l'aspetto genetico, è stato realizzato recentemente uno studio su cinquemila gemelle.

Le ricerche sui gemelli, come si sa, presentano molti aspetti interessanti, specialmente quando i fratelli vivono lontani, o addirittura sono stati separati dalla nascita e allevati in ambienti diversi. Guardare due gemelli monozigoti (cioè nati da uno stesso uovo fecondato) è come guardare le due metà del nostro corpo: se, per esempio, si è sviluppata un'osteoporosi nel nostro femore destro, è molto probabile che si sviluppi anche nel sinistro; se i denti di sinistra si cariano facilmente è molto probabile che ciò avvenga anche per i denti di destra ecc. Per i gemelli, in certa misura, questa "specularità" vale non solo per il corpo ma anche per il comportamento: indipendentemente dalle influenze dell'ambiente in cui vivono, certe qualità o predisposizioni innate tendono a manifestarsi comunque, in parallelo. Per esempio l'intelligenza, la timidezza, alcuni aspetti del temperamento ecc.

È forse "parallela" anche la maggiore o minore facilità a innamorarsi e avere rapporti sessuali? Esiste cioè una predisposizione a essere infedeli?

Nel corso della ricerca, effettuata a Londra al Guy's and St Thomas Hospital, sono state intervistate cinquemila donne, tra i 18 e i 60 anni: il 23 per cento ha ammesso di essere stata infedele almeno una volta. Intervistando duemilacinquecento coppie di gemelle si è osservato un "parallelismo" molto accentuato di fedeltà e infedeltà: se una gemella mostrava una tendenza all'infedeltà, vi era una corrispondenza nell'altra, e la percentuale era più alta che tra le non gemelle.

Sembra quindi esistere, anche in questo campo, una tendenza innata che predispone a un determinato comportamento. Ma naturalmente a essere poi determinanti sono le circostanze della vita.

Infedeltà preistorica?

Che l'infedeltà, anche femminile, sia iscritta nei geni e praticata sin dalla preistoria sono in molti a crederlo tra gli psicologi e i biologi evoluzionisti. Come per esempio David P. Barash, psicologo all'Università di Washington, e Judith Eve

Lipton: nel loro libro *The Myth of Monogamy*, tradotto in italiano con il titolo *Il mito della monogamia. Animali e uomini (in)fedeli* (Cortina, 2002), sostengono che la monogamia è la regola, ma non la pratica; e che il desiderio di avere altri partner è naturale, per entrambi i sessi.

Per parte sua David M. Buss, dell'Università del Texas, nel suo volume *The Dangerous Passion* osserva che la tendenza degli uomini ad avere molti partner sessuali non avrebbe potuto essere soddisfatta se non vi fossero state altrettante donne consenzienti. E ritiene che vi siano almeno tre osservazioni scientifiche le quali, prese insieme, confermerebbero che il sesso occasionale non è un fenomeno recente, bensì molto antico.

La prima è l'esistenza della gelosia sessuale maschile: se la donna fosse stata, per sua natura, una fedele monogama, non si sarebbe sviluppata questo tipo di gelosia maschile che sembra invece essere proprio una risposta evolutiva dell'uomo all'infedeltà femminile.

Il secondo punto è la diffusione generalizzata dell'infedeltà femminile: le percentuali variano a seconda delle società (alta in Svezia, bassa nelle zone rurali cinesi), ma i tradimenti avvengono ovunque. E nonostante l'infedeltà sessuale comporti un alto rischio di divorzio, certe donne rifiutano di limitarsi a un solo partner, malgrado i controlli e il pericolo di essere scoperte.

Il terzo elemento è la competizione spermatica (di cui abbiamo parlato prima). Secondo Buss si tratta di un significativo segnale che nella preistoria la competizione tra i maschi si è sviluppata anche a livello di lotta tra spermatozoi e quindi in presenza di possibili rapporti non monogami della femmina. Ciò spiegherebbe anche il volume dello sperma e le dimensioni dei testicoli nella specie umana (molto maggiori che nei gorilla, che tengono sotto stretto controllo le loro femmine, ma minori che negli scimpanzé, dove invece è più grande la promiscuità sessuale).

I vantaggi, per la donna preistorica, di avere rapporti con altri maschi potevano essere di vario tipo: benefici ottenuti dal nuovo partner, geni di migliore qualità se il maschio era più aitante e un compagno di rimpiazzo in caso di morte del partner.

Il fiocchetto rosso del sesso

Tutto questo non mette in discussione la tendenza femminile di fondo, quella cioè di avere un partner stabile e quindi di essere più predisposta alla monogamia. Una monogamia però non necessariamente fedelissima, quando le circostanze creano l'occasione e l'interesse.

Ciò mostra la grande importanza dell'ambiente nel fornire (oppure no) quelle occasioni e quegli interessi.

La forte repressione nei confronti della sessualità femminile (che in certi casi è arrivata al burka, o addirittura all'infibulazione) ha tenuto lontana per lungo tempo la donna dalle "tentazioni": ma non ovunque la repressione è stata così violenta e, soprattutto, i cambiamenti indotti dallo sviluppo economico hanno creato oggi un mondo del tutto diverso. Le occasioni si sono moltiplicate, le conoscenze e le frequentazioni si sono ampliate, sono nati nuovi interessi che prima erano fuori dal raggio d'azione delle donne.

Ciò non vuol dire che si siano alzate le griglie della sessualità femminile: significa solo che esistono oggi per la donna molte più opportunità per esprimersi.

Tutto ciò ha significato, per alcune, anche maggiore libertà sessuale. Per altre invece no, o non necessariamente: i loro valori e il loro modo di essere le fanno stare bene con se stesse e con il partner, senza bisogno di cercare altri incontri. Il comportamento umano, infatti, è il risultato di tante piccole e grandi spinte, dove entrano in gioco moltissime cose (con pesi specifici diversi a seconda degli individui): le emozioni, i sentimenti, gli istinti ma anche l'educazione ricevuta, i principi morali, la religione, l'ambiente familiare, i rapporti con il partner ecc.

Ci sono quindi donne che intendono in altro modo questa "liberazione": per esempio, il rispetto dei loro diritti, la pari dignità, l'uguaglianza sul lavoro ecc. e non necessariamente la libertà sessuale.

Per altre, invece, su questo "pacchetto" di varie liberazioni si aggiunge anche il fiocchetto rosso del sesso.

Chi tradisce di più?

Ma chi tradisce di più? Gli uomini o le donne?
I sondaggi dicono di solito che sono gli uomini a essere più infedeli. Vanno però fatte due considerazioni in proposito: la prima è che, come abbiamo già detto, i sondaggi in questo campo non sono generalmente molto attendibili. Le donne, in particolare, tendono a essere reticenti per quanto riguarda i loro rapporti sessuali (come ha dimostrato la ricerca fatta all'Ohio University, negli Stati Uniti, di cui abbiamo parlato nel capitolo sulla sessualità). A maggior ragione quando si tratta di tradimenti.

La seconda considerazione è che l'amore si fa in due, non da soli. Quindi ogni volta che un uomo ha un rapporto sessuale, lo ha necessariamente anche una donna: di conseguenza il numero degli amplessi è sempre uguale, da una parte come dall'altra. Se si escludono i rapporti maschili con le prostitute, ne segue che le donne fanno sesso quanto gli uomini.

Naturalmente, si tratta di sapere chi tradisce e chi no. Cioè chi è legato, in quel momento, a un partner e chi invece no. In una materia del genere è difficile fare statistiche, ma qualche elemento può aiutare a capire (anche se solo in parte) certi aspetti della situazione. Perlomeno per quanto riguarda gli Stati Uniti, dove qualche ricerca è stata fatta.

Il dato è che gli uomini divorziati tendono a risposarsi molto più di quanto non facciano le donne divorziate. Questo perché, nella vita domestica, le donne se la cavano benissimo da sole, mentre gli uomini sentono maggiormente il bisogno di qualcuno che si occupi di loro. Il risultato è che ci sono molte più donne single che uomini single. Già vari anni fa una ricerca rivelava che negli Stati Uniti, nella fascia d'età dei 40 anni, le donne single erano il doppio degli uomini.

Inoltre, poiché gli uomini divorziati si risposano con donne più giovani, le divorziate si trovano spiazzate e hanno difficoltà a trovare uomini single nella fascia d'età giusta. La conseguenza è che un numero crescente di donne single ha rapporti con uomini sposati: quelli, appunto, che si trovano nella fascia d'età giusta. Sono, del resto, persone che hanno più tempo disponibile delle donne sposate, maggiori energie e anche un "nido" in cui incontrarsi.

Questo meccanismo fa sì che, almeno sotto questo aspetto, gli uomini tradiscano più delle donne.

Non è dato sapere, invece, quante siano le situazioni inverse (donne sposate con uomini single, oppure con uomini sposati). Rimane comunque il fatto che, come dicevamo, uomini e donne hanno lo stesso numero di incontri sessuali. E se un uomo ha fatto l'amore con molte donne, vuole dire che molte donne hanno fatto l'amore con un uomo.

Ma quali sono le occasioni che favoriscono gli incontri extraconiugali? Il lavoro femminile fuori casa ha certamente moltiplicato le opportunità. Le donne che lavorano, in un certo senso, passano più tempo con i colleghi che con il marito (l'ufficio, del resto, è anche il luogo in cui spesso nascono amori e matrimoni). La percentuale di incontri e di flirt non è nota, ma certi sondaggi ritengono che si tratti di cifre abbastanza elevate. Si tratta però di sondaggi online, viziati dal fatto che coloro che rispondono non costituiscono un campione rappresentativo.

Ma al di là dei luoghi di lavoro, esiste oggi un numero crescente di altre opportunità – viaggi, vacanze, feste, convention aziendali, cene – dove gli sguardi si possono incrociare. E in seguito anche i numeri di telefono. In questo gioco, certamente, sono favoriti gli uomini più attraenti e con maggiore esperienza, capaci di organizzarsi e di organizzare. Con discrezione.

Il tenente Colombo

La riservatezza, si sa, è uno dei requisiti indispensabili in questo genere di cose. La clandestinità richiede molta prudenza e anche molto talento. Del resto, i telefilm polizieschi ci dicono che non esiste il delitto perfetto. C'è sempre un tenente Colombo che scopre un piccolo indizio capace di inchiodare il colpevole. Basta una distrazione, una dimenticanza di poco conto per essere smascherati e portati davanti al tribunale.

Nell'infedeltà le cose vanno nello stesso modo. Anche qui

infatti c'è sempre qualche tenente Colombo che scopre un piccolo indizio. Gli uomini, in questo, sono più vulnerabili delle donne. Non solo perché sanno mentire meno bene, ma anche perché sono loro a pagare i conti. E può capitare che in tasca rimanga qualche ricevuta compromettente di un albergo, o di una cena a due, oppure lo scontrino di un regalo pagato con la carta di credito. O magari un messaggino sms non cancellato.

Ma anche alle donne possono sfuggire segnali significativi: un ritardo inspiegato, un rossore inconsueto, una bustina di fiammiferi di un ristorante fuori mano, un improvviso interesse per Brahms.

E poi per gli uomini, spesso, c'è il problema di giustificare certe spese che è difficile far rientrare nella contabilità familiare, specialmente se hanno uno stipendio fisso. Ricordo in proposito il caso di un impiegato RAI piccolo e timido che, tantissimi anni fa, risolse il problema in modo molto creativo. Aveva un'amante segreta, ma ogni mese doveva consegnare alla moglie, una donna energica e dominante, la busta paga con il suo contenuto. Ebbe allora un'idea semplice ma ingegnosa. Si fece stampare da un amico tipografo delle finte buste paga, sulle quali risultavano solo parte degli "straordinari". In questo modo poteva recuperare dei fondi neri per le sue piccole evasioni. La cosa andò avanti per parecchio tempo, fino a quando il "tenente Colombo" smaschererò l'inganno. Ne seguì una separazione coniugale. E la legittimazione dei due amanti.

Ma c'è un nuovo mondo che si sta ora aprendo all'infedeltà: quello di Internet. La grande novità è che qui gli incontri e i corteggiamenti possono avvenire senza uscire di casa, con persone sconosciute. E poi eventualmente concretizzarsi fuori, al momento giusto. Il che ha aperto nuovi orizzonti a lui, e forse più ancora a lei.

I nuovi orizzonti di Internet

Un tempo, per le donne che non avevano un lavoro fuori casa, le occasioni di frequentare persone al di là del giro dei familiari e degli amici comuni non erano moltissime. Per questo si diceva che certi "frequentatori" occasionali che entravano in casa quando lei era sola (il mitico idraulico) potevano costituire una opportunità.

Ma oggi di uomini che entrano in casa quando lei è sola ce ne sono tantissimi, tutti potenzialmente interessati a corteggiarla: sono gli "uomini del mistero" che si affacciano nei siti Internet e con i quali si può liberamente conversare, protetti dall'anonimato. Dalla conversazione si può passare al flirt, poi a uno scambio più intenso. E alla fine si può arrivare all'incontro. A volte deludente, a volte no.

Secondo una ricerca dell'Università della Florida questi siti di incontri virtuali sono destinati a diventare la forma più diffusa di infedeltà (ci sono siti appositi per persone sposate) e già oggi sono all'origine di molte rotture. Un terzo degli intervistati, secondo la ricerca, ha dichiarato di aver incontrato di persona l'interlocutore con il quale aveva stabilito una relazione, "per la curiosità di conoscerlo".

I contatti su Internet hanno proprio questa peculiarità: sono un modo nuovo per parlare a uno sconosciuto senza esporsi troppo. È come andare a un ballo in maschera e fare un giro di valzer con un cavaliere anche lui mascherato. Parlando con uno sconosciuto, sotto anonimato, si possono dire cose che non si direbbero forse neanche alle migliori amiche, aprendosi e raccontando i propri pensieri e le proprie fantasie.

In questo gioco hanno più fortuna quegli uomini che meglio sanno usare il grimaldello più efficace per aprire il cuore femminile: la parola. In una chat, infatti, non contano la bellezza o la prestanza fisica, ma la capacità di stabilire un rapporto gradevole, intelligente, spiritoso, gentile che rassicuri la donna e che apra le porte a sviluppi successivi. Sarà l'eventuale incontro a stabilire se le cose potranno andare avanti, oppure no, ma intanto metà della strada è stata fatta.

Questi siti però sono anche pieni di bugie e di trappole: persone che si divertono ad assumere un'altra personalità, addirittura cambiando sesso e identità, o utilizzando manuali già bell'e pronti per il corteggiamento. Insomma, su Internet c'è di tutto. E anche il contrario di tutto. Raccontava un marito abbandonato che la sua giovane moglie di 24 anni stava alzata fino alle 3-4 di notte per navigare su Internet, finché un giorno sparì, lasciandogli solo un messaggio sul computer. Dopo essersi disperato si consolò trovando proprio su Internet un gruppo di supporto di mariti abbandonati a causa delle chat-line...

Le motivazioni dell'infedeltà

Ma cosa spinge un uomo o una donna a cercare un altro partner? Esiste in proposito una ricerca fatta dal CENSIS, molto significativa.
Ecco la tabellina.

Motivazioni dell'infedeltà	Uomini	Donne
Combattere la routine	27,2%	13,3%
Voglia di trasgressione	23,6%	10,1%
Insoddisfazione sessuale	13,6%	5,4%
Innamoramento per un'altra persona	18,0%	39,6%
Scarso affetto dimostrato dal partner	11,8%	22,2%
Essere stati traditi	17,7%	2,9%

È una ricerca rivelatrice, perché mostra proprio le notevoli differenze tra uomo e donna in tema di amore e infedeltà.
Un primo dato che risulta evidente è che quasi i due terzi dei tradimenti maschili (27,2 + 23,6 + 13,6 = 64,4) non sono legati a motivazioni sentimentali ma a voci come "Combattere la routine", "Voglia di trasgressione", "Insoddisfazione sessuale". Quindi, sostanzialmente, ad aspetti relativi alla novità e alla sessualità.
Rispetto a questo 64,4 per cento degli uomini, le donne fanno registrare un modesto 28,8 per cento. Se invece si va su motivazioni sentimentali o affettive, la situazione si rovescia completamente. Alle voci "Innamoramento per un'altra persona" e "Scarso affetto dimostrato dal partner", gli uomini re-

gistrano solo un 29,8 per cento (18 + 11,8), mentre per le donne il dato balza al 61,8 per cento (39,6 + 22,2).

Questi dati sono coerenti con quanto emerso da tanti altri segnali e ricerche di cui abbiamo parlato nel corso del libro: cioè il desiderio di sesso da parte dell'uomo, il desiderio di sentimenti da parte della donna. Naturalmente con una zona di sovrapposizione che rappresenta quella diversità che esiste sia nei maschi sia nelle femmine.

Colpisce in proposito il dato dell'innamoramento: dichiarano di aver tradito perché innamorati solo il 18 per cento degli uomini, contro il 39,6 per cento delle donne. Anche per quanto riguarda l'"Insoddisfazione sessuale", colpisce la diversità tra uomini (13,6 per cento) e donne (5,4 per cento). Questo avviene soprattutto, secondo altre ricerche, quando nascono dei figli e la madre viene così a trovarsi inevitabilmente impegnata in un ruolo che la assorbe (e la stanca) moltissimo. Perché il più delle volte è lei che deve prendersi cura dei figli, nutrirli, alzarsi di notte, cambiarli. I suoi pensieri si concentrano, in buona parte, su di loro e vengono così a mancare quelle condizioni ideali per avere rapporti sessuali con il marito in un clima rilassato. Per cui le "medie settimanali" scendono notevolmente.

Un'ultima differenza molto significativa tra uomo e donna è quella del tradire perché si è stati traditi. Gli uomini risultano al 17,7 per cento, le donne sei volte meno, al 2,9 per cento. L'uomo, ferito non solo nell'amore ma nell'amor proprio, nel suo ego, cerca in questo modo di sfogare la propria rabbia rendendo la pariglia e ristabilendo l'equilibrio con un tradimento "vendicativo". La donna, invece, appare molto più indulgente e comprensiva: e antepone, probabilmente, la stabilità del rapporto alla vendetta.

Confessare oppure no?

A proposito di infedeltà, diceva uno dei personaggi interpellati nelle interviste volanti di poc'anzi: «È successo, è stata un'occasione. Ma non ci si sente bene, dopo...». Effettivamente in chi tradisce possono spesso nascere dei sensi di colpa. Soprattutto se i partner si sono giurati "eterna fedeltà". Che fare? Conosco un caso del genere. Due giovani perbene, brillanti, intelligenti e colti si erano fidanzati proprio con questo impegno. Lui, per lavoro, dovette trasferirsi in un'altra città per vari mesi e lì cedette a una tentazione. Niente di impegnativo. Al ritorno pensò che fosse "onesto" confessarlo alla fidanzata.

Malauguratamente per lui, la fidanzata apparteneva a quel 2,9 per cento della tabella. Essendo stata tradita, tradì a sua volta. Ed essendo "onesta", lo confessò a sua volta al fidanzato. Il risultato fu la rottura del rapporto e la fine della storia d'amore.

È con ogni probabilità un caso un po' anomalo, ma certamente pone il problema: che fare quanto si è consumato il "reato"? E come reagire di fronte agli eventuali sospetti del partner?

La domanda, naturalmente, può anche essere rovesciata: come deve comportarsi il partner quando ha dei sospetti fondati?

Non sono domande semplici. E non ci sono risposte univoche. Anche perché l'infedeltà può situarsi a vari livelli: dalla semplice scappatella "fisiologica" all'innamoramento totale che prelude alla rottura e alla separazione.

Il fatto è che il partner, soprattutto all'inizio, di solito non sa qual è il grado di coinvolgimento. Cosa deve fare la moglie che trova dei conti d'albergo dimenticati nella giacca da portare in tintoria? Trasformarsi in tenente Colombo, o sorvolare? O magari sottoporre il marito a uno stringente interrogatorio, esibendo a un certo punto il corpo del reato?

Quest'ultima opzione è certamente quella più traumatica. Qualunque ne sia l'esito, lascerà il segno.

E cosa deve fare l'uomo se si trova in una situazione di questo tipo? Confessare o negare? Se si guarda come vanno le cose in tribunale, l'esperienza dice che l'imputato ha sempre interesse a negare. Negando, infatti, lascia sempre un velo di dubbio. Se invece confessa è sicuro di perdere il processo. Sfogliando i giornali capita ogni tanto di leggere cronache di casi famosi di omicidio, anche recenti, con persone che negano risolutamente di essere l'autore del delitto, anche se tutto li accusa (le circostanze, gli indizi, i moventi). In questo modo hanno una possibilità in più di cavarsela, che non avrebbero se confessassero.

In un settimanale femminile, nella rubrica della "Posta del cuore", una famosa scrittrice dava questo consiglio a chi le scriveva per sapere come comportarsi in questi casi: "Negare l'evidenza!". E spiegava che se l'infedeltà era di poco conto, e non prometteva il rapporto a due, negare poteva essere utile per non compromettere l'unità familiare. Una bugia a fin di bene, insomma.

Del resto proclamarsi innocenti vuol anche dire offrire, a una persona intelligente, una ciambella di salvataggio, un modo indolore per uscire dalla situazione. Come dire: "Ci siamo capiti. Diciamo che ti credo. Così evitiamo una crisi e salviamo il rapporto. Per questa volta...".

Le donne sono solitamente più sagge e capiscono che, se la cosa non è grave, è poco ragionevole arrivare a una crisi. Specialmente se ci sono dei figli. Ma è anche un modo per far capire che ci sono dei limiti.

Altri, invece, vogliono arrivare alle certezze. Specialmente gli uomini vogliono sapere, avere le prove. E si rivolgono allora a investigatori privati. Cominciano così i pedinamenti (con varie persone che si alternano per non destare sospetti). Appostamenti, resoconti particolareggiati di ogni movimento e di ogni incontro, telecamere miniaturizzate, nascoste in borse e cravatte. Alla fine tutto viene consegnato al committente, in un dossier. Risultati? Secondo un'agenzia, nell'80 per cento dei casi i sospetti sono fondati.

Le storie di crisi possono essere molto diverse tra loro, anche nel modo in cui si concludono. Quando l'infedeltà non è soltanto trasgressione sessuale, ma uno dei partner si è veramente innamorato di un'altra persona e non vede l'ora di chiudere il suo vecchio rapporto per volare verso quello nuovo, non c'è neppure bisogno dell'investigatore.

Chi ha deciso di rompere, spesso comincia per primo il discorso: "Ti devo parlare...". In questi casi l'infedeltà supera il gradino più alto ed entra in un'altra dimensione: quella dell'abbandono.

Le crisi dell'abbandono

La dottoressa Helen Fisher, dei cui studi abbiamo parlato nel capitolo dedicato alla biochimica dell'innamoramento, ha recentemente compiuto ricerche alla Rutgers University di New York proprio sull'abbandono. E anche in questo caso ha esaminato il cervello di giovani innamorati che erano stati da poco abbandonati, come spiega nel suo libro *Why We Love*, tradotto in italiano con il titolo *Perché amiamo* (Corbaccio, 2005).

Il metodo era sostanzialmente lo stesso: questi giovani venivano sottoposti a una risonanza magnetica funzionale e, a un certo punto, veniva loro mostrata la foto della persona amata che li aveva lasciati, alternata ad altre fotografie neutre. Caso curioso, uno dei soggetti, una studentessa, era già stata esaminata quando era nella fase dell'innamoramento, ma cinque mesi dopo era stata improvvisamente lasciata. Piangeva, aveva perso sette chili in due settimane. «Penso sempre a lui.»

Questo studio è ancora in corso, ma le immagini della risonanza magnetica appaiono molto diverse da quelle registrate nei volontari innamorati. Mostrano circuiti simili a quelli che si attivano nei soggetti in stato di collera, oppure di depressione. Due situazioni che predispongono entrambe, nei casi gravi, a reazioni distruttive: quelle della collera che in certi casi possono portare a un'aggressività violenta, e quelle della depressione che invece possono portare al suicidio.

Le reazioni degli innamorati a un abbandono, dice la Fisher, possono essere molto diverse, ma solitamente attraversano proprio queste due fasi: prima la protesta violenta, poi la rassegnazione depressa.

Nella prima fase chi è stato abbandonato spesso cerca di recuperare l'innamorato, con telefonate continue, lettere, appostamenti e incontri improvvisi, litigi, persino tentativi di suicidio (a volte simulati o preannunciati) e di rappacificazione.

Nella seconda fase, quella della rassegnazione, l'abbandonato entra in un periodo di depressione: rifiuta il cibo, non esce, ha difficoltà a lavorare. Spesso perde anche interesse per il sesso.

La protesta e la rassegnazione sono reazioni che, sia pure in forme diverse, si possono osservare anche negli animali. Se in un gatto si stimolano, con degli elettrodi, i circuiti cerebrali del piacere e poi si interrompe lo stimolo, il gatto "protesta", diventa aggressivo, morde. E a ogni interruzione diventa sempre più arrabbiato. Analogamente, un cagnolino separato dalla madre protesta, abbaia, graffia la porta. Ma anche la fase due è stata documentata negli animali: i cuccioli separati soffrono, le scimmiette abbandonate dalla madre dondolano, assumono posizioni fetali, diventano depresse.

In certi individui questa fase depressiva sopraggiunge assai più rapida. Sono soprattutto le donne, dopo l'abbandono, a entrare in depressione. E in questa fase il suicidio può arrivare in modo silenzioso. O anche involontariamente. È tipico della depressione infatti provocare gravi disturbi del sonno e ciò fa sì che per cercare di dormire il depresso assuma di continuo dei sonniferi. Poiché non bastano mai, può succedere che in modo più o meno consapevole durante la notte ne prenda una dose eccessiva. Se poi questi sonniferi vengono ingeriti in concomitanza con bevande alcoliche, la miscela si trasforma in un potente veleno che può portare alla morte. Tempo fa un ricercatore, specialista nei problemi del sonno, mi diceva che è forse proprio in questo modo che è morta Marilyn Monroe. Non per un vero suicidio, ma per un avvelenamento involontario.

Per fortuna l'istinto di sopravvivenza degli individui fa sì che le crisi da abbandono vengano normalmente superate. E anche dimenticate, pur lasciando cicatrici. Moltissime persone hanno infatti conosciuto l'esperienza di essere lasciate da qualcuno di cui erano innamorate; se a ogni abbandono dovessero seguire reazioni violente o autolesionistiche, la terra sarebbe cosparsa di cadaveri più dei prati di Waterloo dopo la battaglia.

Ammazzare il partner

È comunque vero che tanta gente, dopo esser stata tradita e/o abbandonata, si procura una pistola e spara al suo ex.

I delitti passionali rappresentano una percentuale molto alta degli omicidi. Un ammazzato ogni cinque o sei, dicono le statistiche, è vittima di una storia d'amore finita male.

Le cause possono essere di vario tipo: gelosia violenta (quella di Otello, per intenderci), oppure una separazione non accettata, o un amore respinto, oppure quelle che portano a un "delitto d'onore".

Il più delle volte sono gli uomini ad ammazzare. In Italia, secondo dati dell'Eurispes, l'età tipica degli uomini che uccidono è di 30-50 anni, mentre le donne sono più giovani, tra i 30 e i 40 anni. Contrariamente a quanto si potrebbe immaginare, i delitti passionali avvengono soprattutto nel Norditalia, in Lombardia in particolare.

Negli Stati Uniti le donne uccidono più che da noi: secondo un dato pubblicato da "Psychology Today", ogni 100 americani che ammazzano la moglie ci sono circa 75 mogli che ammazzano il marito. Un'équipe di ricercatori ha esaminato gli archivi della polizia degli ultimi tre decenni in Stati Uniti, Canada, Gran Bretagna e Australia: risulta che la causa scatenante per gli uomini è soprattutto la scoperta dell'infedeltà, mentre raramente lo è per le donne. Anche gli omicidi-suicidi con massacro familiare sono tipici degli uomini.

Le donne invece uccidono spesso per autodifesa, dopo anni di sofferenza e violenza fisica, dicono gli autori della ricerca, Wilson e Daly. Contrariamente a quanto si potrebbe pensare, all'origine del maggior numero di omicidi commessi da donne in America non vi è la maggiore disponibilità di armi da fuoco, e neppure l'emancipazione femminile. I dati erano già simili 40 anni fa e la tipologia delle armi usate è analoga a quella di altri Paesi. Gli omicidi sono risultati essere più alti nelle unioni di fatto che nei matrimoni ufficiali e la percentuale è più elevata tra i neri che tra i bianchi.

Secondo un'altra ricerca, le probabilità che si verifichino episodi di gelosia violenta sono minori se la coppia è molto legata, oppure se è poco legata. Nel primo caso, i buoni rapporti sono un freno alla violenza, nel secondo c'è più indifferenza e meno reazioni passionali.

Altri studi effettuati negli Stati Uniti hanno mostrato che

un fattore chiave negli omicidi per gelosia è la situazione economica del marito, in particolare se è disoccupato. È significativo, in proposito, che tra il 1990 e il 1994 a New York, delle 1156 donne uccise dai mariti o dai compagni oltre 700 risiedevano in sobborghi poveri con alto tasso di disoccupazione maschile.

Un'altra inchiesta ha messo in evidenza il rischio elevato che corrono le mogli da poco separate di essere uccise dai loro mariti, soprattutto se sono donne giovani e molto attraenti. Certi mariti, ancora innamorati, non accettano una separazione traumatica, in particolare quando la ex moglie se ne va a convivere con un altro uomo. Il loro amor proprio viene ferito profondamente, oltre che dal tradimento anche da questo affronto, vissuto come un vero e proprio sfregio alla loro dignità di uomini.

Lo sfregio è ancor più insopportabile quando la moglie viene sorpresa con un altro uomo. Nel Texas, fino al 1974, un uomo che uccideva la consorte e il suo amante colti in flagrante non veniva considerato un "criminale". La legge texana teneva conto del fatto che un uomo "normale" poteva perdere il controllo quando si trovava di fronte a una così estrema provocazione. Queste attenuanti esistono tuttora in vari Paesi. Anche in Italia, fino al 1981, il codice penale contemplava il cosiddetto "delitto d'onore" che prevedeva una riduzione della pena da 3 a 7 anni per l'uccisione della moglie adultera, al fine di difendere l'"onorabilità" propria e della famiglia.

La lapidazione

Ma le cose vanno ben peggio in certi Paesi dove è tuttora in vigore un'antica legge che prevede, in caso di adulterio, la condanna a morte della donna (e anche del suo amante) mediante lapidazione. È una forma di linciaggio di origini tribali, ma che è stata riportata in auge da certi governi fondamentalisti islamici. In questi Paesi, infatti, l'adulterio viene considerato non un fatto privato, ma una questione d'onore per l'intera società, in quanto offende la morale pubblica.

Al momento dell'esecuzione, la donna viene sepolta fino alle ascelle (il suo amante solo fino alla vita): chi riesce a uscire dalla fossa ha salva la vita. Ma ciò è molto difficile. Per la donna, naturalmente, ancora più difficile, anzi impossibile. Intorno si schiera un "plotone d'esecuzione" armato di pietre. Pietre che non debbono essere tanto grosse da uccidere al primo colpo, ma neppure troppo piccole. Comincia a quel punto il micidiale tiro al bersaglio con sassi che colpiscono violentemente la testa e il viso, fino a procurare la morte. A quel punto il branco si ritira. L'onore è salvo...

Quante lapidazioni avvengono ogni anno? Non esistono dati precisi. Ma solo in Iran, secondo un monitoraggio effettuato dall'Agence France Presse, nel 2004 vi sarebbero state almeno 97 esecuzioni. Altre fonti, come la Federazione internazionale delle leghe per i diritti umani, parlano di 300-400 esecuzioni. Cioè una al giorno. Solo in Iran.

Questa repressione feroce, del resto, riguarda, oltre che l'adulterio, anche altri "reati sessuali". La sharia, o legge islamica, prevede la condanna a morte anche per la sodomia omosessuale. Gli uomini sposati, colpevoli di omosessualità, dovrebbero essere arsi vivi o gettati da una rupe; quelli invece non sposati, giustiziati. Con una differenza: la condanna a morte riguarda soltanto i "sodomizzati", mentre per i "sodomizzatori" sono previste solo 100 frustate. Così pure, 100 frustate sono la pena prevista per le coppie non sposate di fornicatori.

Esistono tuttavia due elementi che possono giocare a favore della donna: l'adulterio, per essere considerato tale, deve essere provato. E occorre, per questo, la deposizione di almeno quattro testimoni oculari che confermino che c'è stata penetrazione. Se fosse veramente così, sarebbe ben difficile dimostrare l'adulterio e quindi condannare una donna. Ma una cosa è la teoria, un'altra è la pratica.

Questa regola, purtroppo, vale però anche per lo stupro: infatti, per far condannare uno stupratore la donna deve portare in tribunale la testimonianza di quattro uomini che confermino di aver visto il fatto, dal momento che la sua sola testimonianza non conta. È evidente che in questo modo diventa praticamente impossibile perseguire il colpevole.

A proposito dell'adulterio: la regola dice che è la *penetrazione* a costituire il vero reato. Ogni atto sessuale che non comporti penetrazione non è considerato adulterio.

È una regola che stranamente, ma non troppo, coincide proprio con l'antichissimo problema del maschio: quello della certezza della paternità. Solo depositando all'interno di una donna sposata il proprio seme, si minaccia la possibilità del marito di riprodursi. E si commette un reato biologico. E quindi un reato contro l'ordine sociale.

Una violenza diffusa

Prima di concludere questo capitolo sarebbe bene aggiungere qualche altro dato significativo sulla feroce repressione sessuale che esiste tuttora nei confronti della donna in varie parti del mondo.

Cominciando da un Paese a noi vicino, la Turchia. Secondo Amnesty International, oltre il 50 per cento delle donne turche ha dovuto sposarsi in base a una scelta della famiglia. In certi ambienti, legati a rigide tradizioni del passato, chi rifiuta questa regola può rischiare la vita.

In proposito ecco la precisa denuncia di Amnesty International su un caso clamoroso: "Guldunya Toren avrebbe chiamato il suo bambino Umut (Speranza), sapeva che non sarebbe vissuta a lungo. Incinta, aveva rifiutato di sposare suo cugino. Fu mandata a casa di uno zio a Istanbul. Uno dei suoi fratelli le diede una corda e le chiese di impiccarsi. Lei fuggì, chiese la protezione della polizia e le fu assicurato che né suo zio né suo fratello l'avrebbero uccisa. Nel febbraio del 2004, poco dopo la nascita del bambino, i suoi fratelli hanno cercato di ucciderla sparandole per strada. In ospedale, ha implorato la polizia di proteggerla. Una notte, in una camera non sorvegliata, i suoi assassini le hanno sparato un colpo alla testa. Guldunya ha cessato di vivere poco dopo...".

Si tratta, certo, di un caso estremo, ma in tutto il mondo le donne sono vittime di violenze di ogni tipo. Violenze che avvengono, il più delle volte, nel silenzio delle famiglie, senza approdare né sulla stampa né tantomeno nelle aule di un tribunale.

Sempre secondo Amnesty International, negli Stati Uniti ogni sei minuti una donna viene stuprata. In Russia si stima che circa 14.000 donne muoiano ogni anno per violenza domestica. In Cina più di 15.000 donne saranno vendute quest'anno come schiave sessuali. Anche in Italia, del resto, la schiavitù sessuale è sotto i nostri occhi, lungo i viali di casa nostra. Sono quelle ragazze provenienti da vari Paesi, specialmente dall'Est, costrette a prostituirsi dopo essere state attratte con la promessa di un lavoro, poi stuprate, picchiate e messe sulla strada.

Ma la violenza può essere anche di altro tipo, meno appariscente, più subdola: come quella che impedisce alle ragazze di andare a scuola, per mantenerle nell'ignoranza e privarle di un futuro più egualitario. Questo vale soprattutto nei Paesi in cui il destino della donna viene visto solo dietro i veli e dentro le mura domestiche. In Afghanistan, per esempio, dove le zone rurali sfuggono spesso al controllo del governo centrale, le bambine hanno difficoltà ad accedere all'istruzione: secondo alcuni dati, nella provincia di Zabul solo l'1 per cento delle bambine tra i 7 e i 12 anni riesce a frequentare la scuola elementare. I capitribù locali, che detengono in pratica il potere, possono permettersi di contrastare ogni movimento di emancipazione, con minacce di morte e persino attacchi alle scuole femminili.

Le intimidazioni nei confronti delle donne fanno sì che in certe zone anche la loro partecipazione al voto sia quasi inesistente.

Il vetriolo in faccia

Ma ancora più tragica è la minaccia che incombe sulle giovani donne in Bangladesh: se rifiutano uno spasimante rischiano di ricevere in faccia un getto di vetriolo, che le trasformerà in un mostro per tutta la vita!

Inizialmente venivano "punite" in questo modo solo le ragazze che rifiutavano di sposarsi con l'uomo scelto dalle famiglie: questo rifiuto veniva ritenuto un'offesa grave. Il "fidanzato" si appostava allora con la sua boccetta di acido solforico e al passaggio della ragazza le lanciava in faccia il contenuto, con effetti devastanti. Questa pratica ora si è estesa anche alle ragazze che semplicemente respingono delle avance. Chi si sente offeso dal rifiuto si procura, con poca spesa, del vetriolo e si apposta.

Questo acido aggredisce la pelle come se fosse metallo rovente, entra in profondità e scarnifica, bruciando labbra, guance e mettendo a nudo i denti. Se colpisce gli occhi (come avviene di frequente), rende ciechi. Tutto il viso, devastato e ustionato, si trasforma in una maschera dell'orrore.

Sono ragazze che non osano più uscire di casa, vivono segregate e vengono considerate un peso economico dalle famiglie. La chirurgia plastica può intervenire, ma solo fino a un certo punto. Del resto il costo è inaccessibile per la stragrande maggioranza delle ragazze: 6-7 operazioni nell'arco di un anno e mezzo. Per venire in aiuto di queste vittime, si sono create associazioni e anche gruppi volontari di chirurghi plastici.

Ma cosa succede agli autori di questi crimini così odiosi? Come vengono puniti? Il più delle volte non vengono affatto puniti, perché si rendono irreperibili, usufruendo di molte complicità. Nel maggio del 1999 quattro giovani sono stati condannati a morte (un fidanzato respinto e i suoi tre complici), ma si tratta di un caso quasi isolato. Basta un dato per rendersi conto della situazione: negli ultimi anni vi sono state in Bangladesh solo dieci condanne su quattrocento casi denunciati... E il risarcimento, quando arriva, non supera mai il valore di una mucca.

La prima e ultima generazione

Di fronte a violenze come quelle descritte nelle ultime pagine, mi capita spesso di pensare che siamo probabilmente la prima e ultima generazione che può viaggiare nel tempo. Siamo infatti la prima generazione che, prendendo un aereo, con qualche ora di volo può atterrare nell'Ottocento, nel Medioevo, o addirittura nella preistoria, visitando popolazioni che vivono in mondi molto lontani dai nostri. E siamo forse l'ultima generazione a poterlo fare perché, più o meno rapidamente a seconda dei casi, la globalizzazione delle comunicazioni, dell'istruzione, dello sviluppo tecnologico e industriale, modificheranno (e omologheranno) gran parte delle culture verso un modello di tipo trasversale, dove sarà ben difficile impedire alle ragazze di andare a scuola, obbligarle a sposare un uomo scelto dalle famiglie, infibularle per mantenerle vergini, lapidarle, o lasciare impuniti crimini vili e bestiali come la deturpazione del viso con il vetriolo. Queste cose saranno portate via dal vento della storia.

Nel mondo cosiddetto sviluppato c'è invece un altro vento che soffia, un vento molto meno violento, quasi una brezza, se paragonato all'altro: è quello che fa crollare, come un castello di carte, i matrimoni. Uno dopo l'altro. Negli Stati Uniti, ormai, si è arrivati a un record mai toccato prima; i matrimoni che si celebrano oggi hanno una "speranza di vita" solo del 50 per cento. In altre parole, un matrimonio su due è destinato a fallire.

Torniamo quindi ai nostri problemi di coppia.

XII
Il rapporto di coppia

Coppie "calde" e "fredde"

La gelosia, l'infedeltà, l'abbandono, lo abbiamo visto, provocano gesti estremi come omicidi e suicidi (in Italia tra il 1994 e il 2004 i morti sono stati quasi mille: 45 per cento uccisi con armi da fuoco, 10 per cento con armi da taglio, 5 per cento tramite strangolamento; e per ogni 100 mariti che hanno ammazzato le mogli, ci sono state 68 mogli che hanno ammazzato i mariti).

Ma, naturalmente, non tutti si sparano o si accoltellano: la maggior parte si separa senza spargimento di sangue. Spesso non sono i corpi a essere straziati, ma le anime. E i veleni della separazione possono rimanere in circolo per molto tempo.

Gran parte delle coppie, del resto, si separa senza che vi siano stati sbandate e tradimenti, ma semplicemente perché le liti hanno superato il limite di tollerabilità. O uno dei due non sopporta più l'altro, o entrambi non si sopportano più a vicenda. Talora, poi, le liti vengono alimentate dai rapporti, spesso ostili, con le famiglie d'origine che, in questi casi, diventano una vera e propria miccia esplosiva.

L'amore in queste coppie si è spento da tempo, a volte con una consumazione lenta, come una candela che si spegne, altre volte in modo più rapido, specialmente se i litigi hanno fatto mancare l'ossigeno. Ma ci sono coppie più a rischio di altre?

Robert Levenson, che dirige a Berkeley, in California, l'Institute of Personality and Social Research, dove si studiano le coppie in crisi, ritiene che vi siano due tipi di unioni particolarmente a rischio: quelle molto "calde" e quelle molto "fredde". Nel primo caso si tratta di persone altamente emotive che non sono in grado di controllarsi nei momenti di tensione e che con ricorrenti esplosioni verbali finiscono per portare il loro rapporto al punto di rottura. Una rottura che avviene di solito abbastanza presto, nel corso dei primi anni di matrimonio.

Le coppie "fredde" invece sono esattamente l'opposto: nel loro caso le emozioni, ma anche i sentimenti, si appiattiscono e il rapporto finisce per inaridirsi, sfociando pian piano nell'indifferenza e nel distacco. Questa situazione, però, spesso si degrada, fino al punto di portare la coppia alla rottura nell'arco di 12-14 anni.

Una corsa a ostacoli

Lungo il percorso della vita matrimoniale esistono poi momenti particolari che possono creare rischi di crisi in certe coppie. Uno di questi è la nascita del primo figlio.

Sorprendentemente, proprio nel momento magico in cui viene al mondo una creatura destinata a portare una gioia immensa nella coppia, arricchendo il rapporto con un legame ancora più profondo, ebbene è proprio in quel momento che può nascere il germe di una crisi. L'arrivo di un neonato infatti cambia completamente le abitudini di vita: niente più viaggi, uscite, feste, perché la madre è assorbita totalmente dal piccolo. E il padre, a quel punto, può cominciare a condurre una sorta di vita parallela.

Anche il professor Maurizio Andolfi, docente di Psicologia della famiglia all'Università La Sapienza di Roma, direttore dell'Accademia di Psicoterapia della famiglia, ritiene che la coppia debba superare, nel corso della vita, un percorso a ostacoli e che uno dei primi inciampi sia proprio la nascita di un figlio. Certi uomini si sentono addirittura spiazzati dalla trasformazione che avviene nel rapporto di coppia, e percepiscono nella loro donna un dirottamento dell'amore verso il piccolo. Anziché vivere questo momento come uno straordinario ampliarsi dell'amore, lo soffrono come se fosse una perdita, una diminuzione del loro ruolo.

Questo atteggiamento, che in certi casi è un vero sintomo di immaturità, può creare problemi nei rapporti e anche una maggiore disponibilità dell'uomo a "richiami" esterni. Talora anche la moglie è incapace di dimostrare l'affetto di prima al marito, che si sente come "tradito" dalla formazione della nuova coppia madre-bambino.

Un altro momento a rischio nel percorso matrimoniale, dice ancora il professor Andolfi, è quando i figli diventano adolescenti e conquistano una loro indipendenza. I genitori, la madre in particolare, a quel punto perdono quel ruolo centrale, e spesso totalizzante, che li aveva tenuti impegnati giorno dopo giorno nelle cure e nell'allevamento, con un forte rapporto d'amore. I loro "proiettori" pian piano debbono spostarsi su un altro punto della scena che si sta svuotando e illuminare, in un certo senso, se stessi. È quindi importante che marito e moglie, i quali tornano nuovamente a guardarsi a tavola, accanto a un posto che rimane sempre più spesso vuoto, abbiano qualcosa da dirsi e che il loro legame sia rimasto forte. E che non sia sopravvissuto soltanto in funzione dei figli.

Per questa ragione, la pianta dell'amore ha sempre bisogno di essere innaffiata regolarmente e nel modo giusto, altrimenti rischia di inaridirsi. E di portare, a un certo punto, alla separazione.

Il litigio

Naturalmente, le situazioni sono molto diverse: alcuni individui sono più calmi e pazienti, altri più irruenti e intolleranti. Ci sono coppie che litigano in continuazione, altre in cui il rapporto è eccellente; coppie con alti e bassi e altre che vivono in una specie di "normalità" senza lampi di luce; c'è chi sta insieme solo per i figli e persino chi è ancora innamorato (succede anche questo...). Le combinazioni possono essere diversissime ed è quindi impossibile cercare regole o "ricette" per una buona vita in comune. Ma c'è un aspetto che (sia pure in misura molto diversa) è comune a tutti coloro che debbono vivere ogni giorno insieme: sono le occasioni per litigare.

Nelle cause di separazione, la motivazione più spesso riportata dai partner in rotta è un'incompatibilità caratteriale insuperabile, che "rende intollerabile la prosecuzione della convivenza".

Al di là delle formulazioni legali, che possono mascherare varie altre cause, effettivamente molte coppie litigano talmente tanto che la loro vita si è trasformata in un inferno, e a quel punto è meglio che ognuno se ne vada per la sua strada. Soprattutto se non ci sono figli, e quindi non si creano grossi danni a terzi.

Ma anche le coppie "normali" si trovano spesso in disaccordo su molte cose, o si irritano per certi modi di fare del partner, oppure hanno seri motivi di montare in collera nei suoi confronti. Litigare è qualcosa che fa parte della vita, non solo nel rapporto di coppia: si può litigare con un condomino, con un collega di ufficio, con uno sconosciuto per un parcheggio. Il fatto è che nel rapporto di coppia il partner lo si ha sempre davanti, per tutta la vita. E l'accumulo di astio che un litigio può portare con sé (con il rischio che ogni volta lo scontro si spinga sempre un po' più in là, partendo dalla "soglia" precedente) ci dice che sarebbe saggio evitare di iniettare troppo veleno nel circuito dei propri rapporti, per evitare il peggio.

È vero che "l'amore non è bello se non è litigarello", come dice la canzone: ma questo vale per gli innamorati. Ed è anche vero che certi litigi possono risolversi in modo ancora più passionale in camera da letto; ma litigare in modo cattivo lascia delle ferite, anche perché a volte si dicono cose che nulla hanno a che fare con l'oggetto della discussione, ma che vengono usate come mazze ferrate per fare più male.

In molti casi le recriminazioni e le accuse reciproche partono da lontano. Si tirano fuori vecchi episodi, storie che risalgono magari ad anni addietro. Si citano frasi pronunciate in una certa occasione, in un momento d'ira, usandole come "pezze d'appoggio" per le proprie requisitorie. Insomma tutto viene tirato addosso al partner e l'oggetto del contendere diventa solo l'occasione per un nuovo "processo" senza esclusione di colpi.

È proprio questo che bisogna evitare, dicono gli psicologi che si occupano di "tecniche del litigio". Se si vuole distruggere un rapporto, dicono, basta fare liti di questo tipo due volte alla settimana o al mese; la rottura è inevitabile.

Va detto che a complicare le cose nei rapporti e nei litigi di coppia entrano in gioco anche altri elementi che provengono da lontano e che "abitano" come fantasmi all'interno di ogni individuo: sono le esperienze, positive o negative, che ciascuno si porta dentro e che sono la proiezione dei problemi vissuti nella propria famiglia d'origine. Certe difficoltà irrisolte continuano a proiettare la loro ombra lunga anche nella relazione con il partner; molti dei litigi, dice il professor Andolfi, trovano qui le proprie radici e in questo senso la famiglia d'origine risulta essere talvolta più distruttiva della fatidica "amante", di cui tanto si parla a livello di stereotipo sociale.

Ma esiste almeno una tecnica per litigare bene?

Come litigare bene?

Basta adottare alcune regole semplici, dicono questi psicologi: come nel pugilato, per esempio. La regola numero uno è quella di non usare colpi bassi, cioè di non utilizzare armi improprie per colpire il partner nei punti più vulnerabili con argomenti estranei a ciò di cui si sta discutendo.

Questo infatti è il modo sicuro per far degenerare una discussione, perché anche l'altro tirerà fuori tutto il suo repertorio di armi improprie e lo scontro sarà all'arma bianca, con una gara tra chi menerà più sciabolate e pugnalate.

Un'altra cosa che questi psicologi raccomandano è di non usare nelle recriminazioni le parole "sempre" e "mai". "Tu ti sei *sempre* rifiutato di..." "Tu non hai *mai* cercato di..." "Sempre" e "mai" sono infatti due parole che tendono a estremizzare il giudizio, a dare una visione chiaramente distorta e provocatoria del comportamento dell'altro. E richiamano a catena altri "mai" e "sempre".

Altra cosa da evitare è la chiamata in causa di genitori e suoceri. "Mio padre me l'aveva sempre detto..." "Tu sei uguale a tua madre..." Queste frasi, infatti, creano il rischio di coinvolgere nella mischia anche i parenti, con il formarsi addirittura di schieramenti contrapposti e il lancio di oggetti contundenti tra le due parti, e ulteriori feriti gravi.

Un altro consiglio, sempre da parte di questi psicologi, è di evitare per quanto possibile l'assalto contemporaneo. Sempre rimanendo nel campo della boxe, quando un pugile attacca, l'altro si mette in posizione di difesa, e viceversa. Nel litigio bisognerebbe usare una tecnica simile. Se uno dei partner fa una rimostranza all'altro, e la fa in modo energico, bisognerebbe lasciarlo sfogare. Non zittirlo subito e contrattaccare in modo altrettanto energico, perché questo è il modo più sicuro per far salire la temperatura e arrivare in fretta all'uso di parole più pesanti.

In proposito un'altra raccomandazione: non usare parolacce. Le volgarità fanno parte proprio di quel repertorio di armi improprie destinate a portare il litigio sul terreno dello scontro. E a volte delle botte.

Ultimo consiglio, il più difficile. Usare la parte razionale del cervello e non quella emotiva o istintiva. Cioè analizzare il problema, per individuare i punti dolenti, e cercare di trovare una soluzione ragionevole. È quello che si fa nella vita sociale, quando la lite approda in un'aula di tribunale, dove si tenta di individuare le ragioni e i torti degli uni e degli altri; oppure quando si trasforma in vertenza e viene affrontata al tavolo di trattative, per esempio tra sindacati e datori di lavoro. È possibile fare qualcosa del genere anche in un rapporto di coppia? È molto difficile, anche se qualcuno ci riesce.

Un aiuto dall'esterno

Proprio per questo sono nati da tempo centri di "terapia di coppia", dove degli psicologi esperti cercano appunto di mettere intorno a un tavolo i due contendenti per tentare di risolvere, almeno in parte, i loro problemi in modo ragionevole. In un certo senso, lo psicoterapeuta è un terzo interlocutore neutrale che ha il compito di permettere a uno dei partner di parlare e all'altro di ascoltare, disinnescando l'emotività che accompagna un litigio e tenendo fuori dal tavolo le armi improprie. È un modo per riportare il conflitto nei suoi termini reali e vedere se c'è un modo per trovarvi rimedio.

I risultati migliori, dice il professor Andolfi, che ha lavorato per 13 anni su cento coppie, studiandone difficoltà e progressi, si ottengono quando entrambi i partner sono motivati a farsi aiutare. Cioè quando cercano insieme una soluzione ai propri problemi e non quando sono decisi a rompere. In questi casi, dice Andolfi, i figli e le rispettive famiglie d'origine, che soffrono inevitabilmente per i litigi della coppia, possono diventare delle risorse utilissime.

È come nelle comunità terapeutiche per tossicodipendenti, dove la cura funziona se si ha voglia di uscire dal tunnel. E se ci si impegna a farlo.

Malgrado tutto, la realtà è che, inesorabilmente, un numero crescente di coppie si separano. I dati sono eloquenti in proposito. Nel 1995 le sentenze di separazione in Italia sono state poco più di 50.000, oggi hanno superato le 80.000. Sono le donne a chiedere, il più delle volte, di separarsi (68 per cento dei casi). Nello stesso periodo i divorzi sono stati circa la metà (27.000 e 41.000); qui sono invece gli uomini a prendere l'iniziativa, nel 56 per cento dei casi.

Ma perché i matrimoni conoscono oggi una crescente difficoltà? Tantopiù in società in cui gli sposi si scelgono liberamente, senza più imposizioni familiari o esterne? I loro nonni e bisnonni stavano insieme per tutta la vita: era rarissimo aver notizie di separazioni, in passato. Come mai non ci si separava nelle precedenti generazioni?

Le gerarchie del passato

È evidente che, in passato, per la donna che intendeva separarsi dal marito c'erano grossi impedimenti di tipo socioeconomico e culturale: avrebbe dovuto affrontare una fortissima riprovazione sociale, non avrebbe comunque posseduto i mezzi economici per andare a vivere da sola, né tantomeno avrebbe potuto abbandonare o portare con sé i figli (che un tempo erano tanti), anche perché aveva molte meno opportunità di trovare un lavoro fuori casa. Inoltre, avrebbe perso il sostegno della rete familiare, fondamentale in una società in cui non esistevano pensioni, tutele, assistenze ecc.

Ma se queste erano le ragioni pratiche, esisteva anche un'altra ragione di tipo psicologico, forse altrettanto importante: cioè l'accettazione del suo ruolo subalterno. Sin dall'infanzia, infatti, era immersa in un modello familiare dove era l'uomo a comandare, a prendere le decisioni, ad avere l'ultima parola. Un modello in cui la gerarchia funzionava, e non si discuteva.

La gerarchia, del resto, è ancora oggi il modello più diffuso nelle società umane e in natura, anche perché ha l'effetto di pacificare i conflitti. Lo si vede bene negli animali che vivono in gruppo, dove gli etologi hanno potuto osservare l'esistenza di individui alfa, beta, gamma ecc. che si situano su diversi gradini della scala gerarchica e che rispettano il cosiddetto ordine di beccata. Quando per esempio si presenta una risorsa alimentare, non si verifica una zuffa continua con battaglie sulla priorità: dei tornei hanno in precedenza fissato i livelli di gerarchia e l'individuo alfa mangia per primo, allontanando eventualmente con un gesto aggressivo chi osa sfidare il suo ruolo dominante. Anche nelle società umane è così: negli uffici, a scuola, nelle caserme, nell'organizzazione dello Stato, persino nelle gerarchie ecclesiastiche. Esistono individui alfa, beta, gamma che si situano su diversi gradini della scala gerarchica e che accettano il proprio ruolo. Anche qui la gerarchia "pacifica". Nel senso che, quando bisogna prendere una decisione, non c'è la rissa continua fra tutti: si accettano le direttive del capoufficio, del preside, del direttore, del colonnello o del vescovo.

Anche in famiglia era così: era il capofamiglia ad avere questo ruolo preminente e non si doveva litigare ogni volta che c'era una decisione da prendere. Non solo la moglie (individuo beta) ma anche i figli (individui gamma) si adeguavano quando il capo aveva deciso cosa fare. Era lui che "portava i pantaloni", come si diceva.

Non è che questa situazione rappresentasse il massimo della felicità, anzi. Ma è così che stavano le cose: questo era l'ordine naturale della famiglia, erano le antiche regole tramandate dalle tradizioni e consolidate dalle leggi, dalla morale e dal vivere quotidiano.

Tra l'altro, va detto che il capofamiglia veniva considerato il depositario non solo del potere economico ma anche di quello della conoscenza, grazie all'esperienza maturata.

Naturalmente all'interno di questo quadro generale esistevano situazioni differenziate e il ruolo della donna era tutt'altro che secondario, poiché di fatto poteva guidare le scelte e dirigere molte cose, anche se non ne aveva l'aria. Ma non poteva, in un alterco, avere l'ultima parola, rompere il rapporto, fare le valige e rivolgersi al giudice per ottenere gli alimenti. E magari (come avviene oggi quasi nel 90 per cento dei casi) farsi assegnare i figli e la casa, obbligando il marito ad andare a vivere altrove.

Mettendo a confronto queste due situazioni, di ieri e di oggi, ci si rende subito conto della profonda diversità della condizione della donna.

Lo sviluppo economico, reso possibile dal progresso tecnologico, ha creato una maggiore ricchezza delle nostre società, con una serie di ricadute: la donna va a scuola, è istruita quanto l'uomo (a volte persino di più), ha spesso un lavoro autonomo, può contare su una rete sociale di protezione, è sostenuta da una legislazione che tutela i suoi diritti e che obbliga il marito a mantenerla al suo livello di vita anche da separata, può tenersi la casa e i figli ecc.

Sia pur con tutte le difficoltà e le eccezioni del caso, è cambiato profondamente il rapporto, anche psicologico, tra moglie e marito.

È cambiato in particolare quel rapporto di dipendenza e soggezione che un tempo creava una "naturale" gerarchia nella coppia e faceva dell'uomo il leader (spesso il marito-padrone).

Gentilezza, grazia, dolcezza

Oggi questa "naturale" gerarchia esiste ancora in buona misura nelle coppie, ma ha perso quel carattere autoritario che spesso aveva in passato. Una donna, anche oggi, ha piacere di avere al suo fianco un uomo forte, ma non un despota.

Molti uomini, dal canto loro, cercano sempre nella futura moglie una donna che li faccia sentire un leader.

Non è un caso se nelle risposte colte al volo per strada (e riportate all'inizio del libro) sulle qualità femminili che più possono attrarre un uomo, oltre la bellezza, i passanti avevano citato soprattutto "La grazia, la gentilezza", "La dolcezza", "La femminilità"; e qualcuno aveva anche aggiunto "La non aggressività". Tutte qualità ovviamente importanti in una donna (ma anche in un uomo), che però lasciano trasparire il desiderio di una compagna in qualche misura non competitiva, sottomessa.

Uno di questi passanti aveva persino ritenuto che la miglior qualità per una donna fosse "L'educazione e un pizzico di intelligenza...". Quasi un modello di donna-bambola parlante, capace di stare educatamente zitta e di parlare solo quando viene inclinata in un certo modo...

Esiste il latente timore che una donna con troppa personalità e studi robusti possa insidiare i "pantaloni" del maschio? In certi uomini certamente no. Sono uomini sicuri di sé, che anzi desiderano avere al proprio fianco una donna intelligente e realizzata. Ma per altri uomini questo timore probabilmente esiste. Non solo perché desiderano rimanere sempre una spanna al di sopra di lei, ma anche perché vedono il futuro della moglie soprattutto tra casa e bambini, e quindi temono una donna con troppi progetti e ambizioni.

Quali che siano le preferenze o i timori del maschio nei confronti della "nuova" donna, non è più possibile fermare la profonda trasformazione della condizione femminile che in pochissimo tempo ha fatto crollare un sistema che esisteva e resisteva da secoli. Anche in passato c'erano tensioni e contrasti all'interno della coppia, ma la struttura familiare era tenuta saldamente insieme da vincoli economici, ambientali e gerarchici ferrei, contro i quali la donna poteva fare ben poco. Oggi queste barriere sono in gran parte cadute e l'aumento della conflittualità ha portato automaticamente a un aumento vertiginoso delle separazioni.

Dove conduce questa strada?

Un cambiamento molto rapido

Qualcuno pensa che la tendenza attuale delle giovani coppie a separarsi (come dicevamo, addirittura il 50 per cento, oggi, negli Stati Uniti) possa portare a una società dove il matrimonio a vita diventerà sempre più raro e si verificherà invece un crescente rimescolamento che già oggi vediamo intorno a noi: coppie che si separano, coppie che si riformano con nuovi matrimoni o convivenze, figli che a volte si mescolano ad altri di precedenti matrimoni ecc.

C'è addirittura chi ha proposto una formula di matrimonio "a tempo determinato", cioè un matrimonio che decada automaticamente dopo cinque anni, come un contratto d'affitto. Rinnovabile.

Curiosamente, qualche ricercatore ritiene che questa formula in un certo senso esistesse già nella preistoria. Osservando oggi i dati di 97 Paesi, Helen Fisher ha trovato molti cicli di separazione intorno al quarto anno, con un solo bambino. Nelle società tradizionali, dice la Fisher, il lungo allattamento inibisce l'ovulazione per molto tempo ed è probabile che, proprio per questa ragione, nell'antichità le madri partorissero un figlio ogni quattro anni. Le coppie restavano insieme durante questo periodo per allevarlo, poi si separavano e formavano nuove coppie (con una varietà biologica nella discendenza), dando luogo alla cosiddetta "monogamia seriale" che si osserva spesso in natura, specialmente tra gli uccelli.

Ma tra i tanti cambiamenti che stanno avvenendo nelle nostre società, ce ne sono altri che stanno modificando la "geografia" matrimoniale: le donne infatti partoriscono oggi il primo figlio a un'età sempre più avanzata. Ecco per esempio un dato che riguarda il Regno Unito: tra il 1971 e il 2002 il tasso di fertilità è diminuito drasticamente nelle giovani donne. Sotto i 20 anni si è dimezzato, scendendo da un valore 50 a un valore 27; anche tra i 20-24 anni si è più che dimezzato, scendendo da 154 a 68; mentre è aumentato nelle donne con più di 30 anni: nella fascia d'età tra 34-39 anni è salito da 70 a 90. In altre parole, le donne non solo fanno meno figli, ma li fanno più tardi. Si allunga anche, mediamente, il periodo in cui rimangono sposate senza figli, un periodo durante il quale molto spesso lavorano.

Ma c'è anche un altro fenomeno che comincia a manifestarsi: quello delle donne non sposate che hanno figli. Il loro numero, secondo alcune statistiche del 2003 dell'UNECE (Commissione economica per l'Europa), è in aumento ovunque dal 1980, ma in certi Paesi ha assunto proporzioni sorprendenti: per esempio in Islanda, Estonia e Svezia *più del 50 per cento* dei figli nascono da madri non sposate.

Queste stesse statistiche ci dicono inoltre che in nove Paesi dell'Unione europea il 60 per cento (o più) degli studenti universitari sono donne. E indagini fatte nelle nostre università rivelano che sono proprio loro ad avere i voti più alti, e a laurearsi prima.

Individuare i punti di rottura

Insomma, tutto sta cambiando rapidamente. E le antiche prerogative dell'uomo come detentore della superiorità economica, sociale, professionale, oltre che fisica e ormonale, non sono più quelle di una volta. È vero che le donne hanno ancora una lunga strada da percorrere per raggiungere nella società una vera parità, perché il vantaggio accumulato dall'uomo è tale, e le resistenze così diffuse, che occorrerà ancora tempo per attraversare completamente il deserto. Ma nel rapporto di coppia l'uomo e la donna si trovano già oggi l'uno di fronte all'altra, in un confronto diretto quotidiano, con tutto il carico di queste trasformazioni e con un modello (soprattutto per l'uomo) completamente diverso da quello vissuto in famiglia ed ereditato da genitori e nonni.

Che questo confronto diretto finisca molto spesso male lo dicono le cifre, sia quelle ufficiali che riguardano il numero delle separazioni sia quelle meno ufficiali che riguardano il numero di coppie che vivono in modo conflittuale la loro unione.

Il problema di fondo è probabilmente quello di riconsiderare in modo nuovo tutta la questione, e rendersi conto che questa nuova realtà va affrontata in modo diverso. Bisogna "ricominciare a studiare", per così dire.

Se infatti si vogliono ricreare le condizioni perché le unioni funzionino meglio, è necessario anzitutto individuare i punti deboli, i punti di rottura del sistema, e capire se è possibile fare qualcosa per rinsaldarli.

L'avventura di due esseri che intraprendono insieme un lungo cammino, tra entusiasmi e difficoltà, tra gioie e dolori, costruendo una famiglia unita e vedendo crescere intorno a sé prima i figli poi i nipotini, è qualcosa che riscalda i cuori e dà un senso profondo alla vita. Riuscire ad aiutare coloro che con amore intraprendono questa strada è anche un modo per aiutare la riscoperta di certi valori, semplici ma fondamentali, che si stanno perdendo. Cercando, per cominciare, di capire meglio la psicologia del partner.

Immedesimarsi nell'altro

In un laboratorio di Berkeley, negli Stati Uniti, il dottor Robert Levenson mette a disposizione di volontari una strana macchina: lo scopo è di misurare la loro empatia. Di cosa si tratta?

Una coppia in crisi viene fatta accomodare in una saletta e comincia a parlare delle sue difficoltà con uno psicologo. A un certo punto la conversazione si anima e marito e moglie cominciano a discutere tra loro, mentre una serie di apparecchiature registrano le variazioni dei parametri dell'uomo: battito cardiaco, pressione, sudorazione ecc.

Successivamente all'uomo viene chiesto di osservare il filmato della discussione e di indicare, girando una manopola a destra o a sinistra, quali sono i momenti durante l'incontro in cui aveva avuto sensazioni positive oppure negative.

Partendo da questo materiale di base, nel laboratorio vengono invitate delle volontarie che una alla volta osservano il filmato; anche loro vengono collegate a un'apparecchiatura che ne registra i parametri fisiologici. Muovendo la manopola devono cercare di immedesimarsi nelle emozioni provate dall'uomo, positive e negative. Cercando anche di interpretare i gesti, le espressioni, i toni della voce, le posizioni del corpo, in modo da capire le sue reazioni.

Mettendo a confronto i vari tracciati è così possibile misurare il livello di "empatia", cioè di capacità di "leggere" di una donna nei confronti di un uomo (naturalmente si può fare anche l'inverso): cioè misurare la capacità di "leggere" certi segnali, anche impercettibili, e di capire cosa sta provando una persona in quel momento; e di provare dentro di sé, quasi "a specchio", le stesse sensazioni registrate dalle apparecchiature.

Saper leggere le emozioni

È ovvio che non bisogna prendere troppo alla lettera i risultati di test del genere, ma l'interesse di queste ricerche consiste nel mettere in evidenza l'importanza, nel rapporto a due, di riuscire a *immedesimarsi* nell'altro, di saper "leggere" le sue emozioni e reazioni. Capire cosa prova e persino cosa pensa.

Questa sensibilità è maggiore quando si è innamorati, perché si è più attenti a cogliere tutti i più piccoli segnali trasmessi dalle espressioni, dal tono della voce, persino dal tipo di sorriso. È il momento, dice Levenson, della maggiore "sincronia emotiva", quando le ghiandole sudoripare e i cuori battono all'unisono. Ma è un tipo di sensibilità che va coltivata e conservata nel tempo, perché riuscire a immedesimarsi in chi ci sta vicino, mettersi sulla sua stessa lunghezza d'onda, è uno dei collanti che tengono unite due persone.

Questa capacità di mettersi nei panni degli altri è naturalmente importante in tutte le situazioni della vita, per capire cosa provano e cosa pensano coloro con i quali si hanno rapporti di lavoro, di amicizia o di altro tipo: ma è ancora più importante nei rapporti con la persona con la quale si vive, perché l'amore consiste, in gran parte, proprio nella capacità di condividere le emozioni.

Sapersi immedesimare nell'altro è quindi uno dei segreti per mantenere accesa la luce nella vita di coppia, e non ritrovarsi al buio.

Ma bisogna poi dimostrare di aver capito le esigenze del partner, i suoi momenti difficili, i suoi desideri. E andargli incontro con parole, gesti, tenerezze. Il fatto stesso di sentirsi compresi, di avvertire un'attenzione, una sensibilità nei propri confronti, è qualcosa che mantiene aperto il circuito delle emozioni e dei sentimenti.

Generalmente in questo gli uomini sono meno dotati, e soprattutto meno attenti. Mentre le donne hanno di solito una capacità più raffinata nel saper percepire e anche una sensibilità ben più grande nel saper donare.

I rapporti con le persone, del resto, sono fatti anche di piccole cose, non solo di grandi. C'è un proverbio francese che dice: *"Les petits cadeaux entretiennent les grandes amitiés"*, i piccoli regali conservano le grandi amicizie. Questo è ancora più vero nell'amore. I piccoli gesti, le piccole attenzioni, le piccole sorprese mantengono viva la fiamma dell'amore, proprio perché sono le testimonianze quotidiane di un rapporto che è sempre vitale.

Le piccole cose "senza importanza"

Come già accennato, secondo alcune stime solo in circa il 20 per cento dei casi il matrimonio fallisce a causa dei tradimenti. Il più delle volte la separazione è dovuta al deteriorarsi dei rapporti personali.

E molto spesso questa "incompatibilità caratteriale" è semplicemente il frutto di una incapacità a capire le esigenze dell'altro, la conseguenza di non aver attivato le "antenne" per cogliere la sua diversità e tenerne conto.

Molti matrimoni infatti falliscono non per grandi problemi, ma per piccole cose quotidiane. Giudicare "senza importanza" queste piccole cose (come spesso avviene) è un errore madornale, perché è come sottovalutare dei granelli di sabbia che entrano negli ingranaggi e che alla lunga faranno "grippare" il motore.

Lo psicologo John Gottman studia da 25 anni ciò che avviene in pratica nei matrimoni, seguendo 670 coppie. E ritiene che siano proprio i piccoli eventi di ogni giorno a costruire (oppure no) quel clima positivo che mantiene l'amore. Piccoli eventi apparentemente senza significato, quasi impercettibili, che però presi tutti insieme creano l'atmosfera giusta. O sbagliata.

Molte persone finiscono per deteriorare il rapporto perché non capiscono, per esempio, l'importanza di rispettare certi spazi e certe esigenze del partner, non capiscono che ciò viene vissuto come una mancanza di considerazione. Il rispetto per il partner, anche quando si tratta di piccole cose, è, oltretutto, un segno di intelligenza, perché vuol dire rinunciare a poco per salvare molto.

Ci sono matrimoni in cui, in apparenza, va tutto bene: la casa, i figli, il lavoro, le vacanze, la salute, i viaggi, gli amici, ma che falliscono proprio perché si è dimenticato l'essenziale: cioè quel piccolo "dettaglio" della sabbia nel motore. Che può innescare varie conseguenze a catena.

Va detto, tra l'altro, che la separazione porta quasi sempre con sé una serie di traumi esistenziali, psicologici, affettivi, economici. Per se stessi e per i figli. Con conseguenze spesso anche sulla salute, come hanno evidenziato certe indagini (cuore, fumo, obesità, depressione). L'uomo, in particolare, è più vulnerabile perché meno adattabile della donna alla vita solitaria.

Non sarebbe meglio evitare tutto questo, con un po' d'impegno e di intelligenza?

Coppie felici e infelici

Recentemente uno psicologo americano, David Olson, ha pubblicato in proposito i risultati di una ricerca molto significativa. Ha preparato un questionario con 195 domande e lo ha sottoposto a 21.500 coppie sparse in varie zone degli Stati Uniti. Ha poi messo a confronto le risposte fornite dalle coppie che si definivano felici con le risposte delle coppie che si definivano infelici. Ecco qui di seguito alcune domande e risposte: esse mostrano bene le grandi differenze che esistono su alcuni punti chiave, essenziali per il buon andamento (oppure per il fallimento) della coppia.

"Il mio partner non capisce quello che provo."
- Coppie infelici: 79%
- Coppie felici: 13%

"Il mio partner è uno che sa ascoltarmi."
- Coppie infelici: 18%
- Coppie felici: 83%

"Il mio partner capisce le mie opinioni e le mie idee."
- Coppie infelici: 19%
- Coppie felici: 87%

"Sono molto soddisfatto/a di come ci parliamo l'un l'altro."
- Coppie infelici: 15%
- Coppie felici: 90%

L'elenco delle domande era lunghissimo, ma questi pochi esempi mostrano quali differenze esistano su certi punti essenziali.

Se il partner capisce quello che l'altro prova, lo ascolta, comprende le sue opinioni e le sue idee, il rapporto a due (e anche il rapporto d'amore) è continuamente nutrito. Come si può invece portare avanti una storia d'amore, o anche semplicemente un'unione, con qualcuno che non capisce, non ascolta, non comprende?

Ma altre due risposte sono significative, e riguardano il modo di gestire le differenze: le coppie felici sanno trovare soluzioni creative alle loro differenze. Non solo ma, cosa importantissima, riescono a condividere sentimenti e idee con il partner durante i disaccordi.

"Siamo creativi nel gestire le nostre differenze."
- Coppie infelici: 15%
- Coppie felici: 78%

"Riesco a condividere sentimenti e idee con il mio partner durante i disaccordi."
- Coppie infelici: 22%
- Coppie felici: 85%

In altre parole, le cose che possono dividere vengono affrontate cercando delle soluzioni. E non innescando dei conflitti. Questo significa immedesimarsi nelle ragioni dell'altro ed essere flessibili. La rigidità mentale, in questi casi, è la peggior nemica dell'armonia di coppia. Non a caso una delle migliori definizioni dell'intelligenza è proprio "flessibilità": cioè la capacità di trovare le soluzioni giuste non marciando diritti per la propria strada, ma cercando altri percorsi più fruttuosi.

Un gioco di squadra

È del resto quello che suggeriscono anche gli "psicologi del litigio", che raccomandano di ascoltare l'altro senza contrattaccare. Il talento principale consiste proprio nel saper ascoltare le proteste per evitare la rissa, che è sempre devastante e impedisce di trovare la strada delle soluzioni.

In questo senso la coppia felice è quella che riesce a fare un "gioco di squadra" immedesimandosi nel partner, comprendendo le sue ragioni e cercando ogni volta la soluzione adatta. Nel rispetto reciproco.

Un gioco di squadra che deve continuare nell'educazione dei figli, i quali devono avere davanti a sé una coppia unita, concorde nel fornire un modello educativo. Guai se i figli, specialmente piccoli, non percepiscono nei genitori un atteggiamento comune nei loro confronti. E se un genitore, in qualche misura, "smentisce" l'altro. Le divergenze vanno risolte in separata sede e non trasferite nei rapporti con i figli. Altrimenti è una situazione che viene vissuta, in un certo senso, come un "tradimento". Ed è altra sabbia che entra negli ingranaggi, con ulteriore formazione di attriti (e con danni anche nei rapporti con i figli).

C'è chi ha un talento naturale nel creare l'atmosfera giusta, e chi no. Si può migliorare?

Tentare di migliorare

I terapisti di coppia sanno che non è facile raddrizzare i cervelli e modificare comportamenti che sono radicati in profondità. Ma sanno anche, per esperienza, che chi non riesce a uscire dalla propria rigidità è un perdente. Perché finirà per perdere ciò che più gli sta a cuore.

Le parole che ricorrono nei consigli degli psicologi sono proprio: ascoltare "attivamente", apprezzare, essere gentili, rispettare, capire, immedesimarsi. E, quindi, comportarsi di conseguenza.

Inoltre, non insistere ad aver ragione quando si sa che le cose non sono così nette: il prestigio non consiste nel "vincere" sempre, a tutti i costi, come avviene nei litigi dei bambini.

Ci sono anche altri ingredienti, dicono gli psicologi, che consentono di conservare a lungo il piacere di stare insieme e anche l'amore di coppia: per esempio, fare cose divertenti e soprattutto avere il senso dell'umorismo. Una battuta può risolvere un momento di difficoltà e ridere insieme è la migliore terapia per mantenere l'atmosfera giusta. Ridere anche di se stessi, quando è il caso, grazie a quell'autoironia che consente di non prendersi troppo sul serio. E organizzare insieme cose creative, tenendosi sempre alla larga da quella che è una delle peggiori nemiche della vita in comune: la noia.

Ma è proprio necessario che siano gli psicoterapeuti di coppia a dover fornire questi suggerimenti, quando le cose vanno male? No, dice David Olson, e con lui molti suoi colleghi. Bisognerebbe impararle prima. Nella vita esiste un insegnamento per tutto, tranne che per questo: si insegna a guidare l'automobile, a usare il computer, a cucinare un tacchino, a scattare fotografie in controluce, mentre si arriva alla vita di coppia completamente impreparati. È evidente che gestire un rapporto a due è molto più difficile che guidare l'automobile o cucinare un tacchino, ma certe cose forse è meglio capirle prima che dopo. Perché la posta in gioco è davvero molto alta.

"Ti amerò per sempre"

Nel tempo che avete impiegato a leggere questo libro, migliaia di persone nel mondo si sono innamorate e migliaia si sono lasciate. In questo momento alcuni si giurano eterno amore, mentre altri si stanno separando in tribunale. Ovunque ci sono persone che si baciano, litigano, fanno l'amore, tradiscono, corteggiano, soffrono di gelosia, e forse anche sparano.

L'amore, con le sue passioni e contraddizioni, è il grande motore del ciclo della vita. Attrae con l'innamoramento, induce alla riproduzione attraverso il sesso, permette l'allevamento della prole grazie all'attaccamento. Fiumi di dopamina, serotonina, ossitocina, testosterone e altri ormoni e neurotrasmettitori regolano pensieri ed emozioni, sentimenti ed eccitazioni.

Senza l'amore tutte le luci si sarebbero spente da tempo: perché è questa forza che permette alla vita di rinascere ogni volta e di passare da una generazione all'altra.

È così da migliaia di generazioni, anzi da sempre. È la storia della vita. E della nostra vita: una storia lunghissima che ci portiamo dentro, codificata nei nostri geni. A ogni generazione il ciclo ricomincia, sempre uguale ma sempre diverso.

Nel corso di questo libro si è parlato molto di biologia, di evoluzione, di biochimica. Ma sappiamo bene che tutto questo, in fondo, ci interessa molto poco, o per niente, quando siamo innamorati o eccitati o gelosi. Ci sono infatti due modi di guardare all'amore: quello del viaggiatore curioso che cerca di capire quali sono i fili che muovono queste passioni, e lo sguardo invece di chi queste passioni le vive in diretta, sentendole scorrere dentro le proprie vene.

Se calarsi come un palombaro alla ricerca delle correnti di fondo che muovono il nostro comportamento in amore è stimolante intellettualmente, lasciarsi invece andare, e farsi trasportare dalla corrente, vuol dire entrare in una nuova dimensione straordinaria dove non contano più le domande, le teorie, le sperimentazioni, ma solo uno sguardo: quello della persona che ci sta davanti. Alla quale si può dire con cosmica sincerità: *"Ti amerò per sempre!"*.

Ringraziamenti

Devo anzitutto ringraziare Christine Angela, per la ricerca e l'analisi degli oltre quattrocento articoli scientifici che costituiscono la documentazione di base del libro, un lavoro senza il quale quest'opera non avrebbe potuto essere realizzata.

Sono molto grato, per i preziosi consigli e suggerimenti, al professor Maurizio Andolfi, psicoterapeuta della famiglia, Università La Sapienza di Roma, a Emmanuele A. Jannini, professore di Sessuologia medica, Università dell'Aquila, al professor Danilo Mainardi, etologo, Università Ca' Foscari di Venezia, e alla professoressa Donatella Marazziti, psichiatra, Università di Pisa.

Naturalmente, secondo la nota formula, ogni errore o omissione è soltanto di mia responsabilità.

«Ti amerò per sempre»
di Piero Angela
Collezione Ingrandimenti

Arnoldo Mondadori Editore S.p.A.

Finito di stampare nel mese di maggio 2006
presso Mondadori Printing S.p.A.
Stabilimento NSM di Cles (TN)

Stampato in Italia - Printed in Italy